# 김유신

교과서에 나오는 위대한 인물
## 김유신

펴낸날 2007년 9월 21일 1판 1쇄

글 | 박화목

그림 | 장인찬

펴낸이 | 강진균

펴낸곳 | 삼성당

편집 주간 | 강유균

편집 | 변지연, 이민주

교정·교열 및 디자인 | 비짜루

마케팅 책임 | 박경석

마케팅 | 전만권, 변상섭

제작 | 강현배

주소 | 서울 강남구 논현동 101-14 삼성당빌딩 9층

전화 | (02)3443-2681~2

팩스 | (02)3443-2683

홈페이지 | www.ssdp.co.kr

쇼핑몰 | www.ssdmall.co.kr

등록번호 | 제2-187호(1968년 10월 1일)

ISBN 978-89-14-01630-0  73990

잘못된 책은 바꾸어 드립니다.
이 책의 내용은 무단 복제하여 사용할 수 없습니다.

# 김유신

글·박화목   그림·장인찬

삼성당

## 펴 / 내 / 며

　요즈음 우리 어린이들은 학교 공부와 학원 공부를 병행하면서 틈틈이 책도 읽어야 하고, 친구들과 신나게 뛰어놀기도 해야 한다. 게다가 컴퓨터 게임을 비롯한 각종 오락들이 발달하여 어린이들을 유혹한다.
　이렇게 어린이들은 점점 더 하고 싶은 일과 해야 할 일들의 홍수 속에서 살아가고 있다. 그러나 한편으로 어떤 어린이나 마음만 먹으면 책을 접하고 읽을 수 있는 세상이다.
　어린 시절에 좋은 책을 가까이 한다는 것의 중요성은 아무리 강조해도 지나치지 않다.
　특히 인터넷과 영상 문화가 고도로 발달한 현대는 단편적으로 습득한 얄팍한 지식보다는 사회와 역사를 바르게 보는 눈을 필요로 할 뿐만 아니라 읽고, 쓰고, 생각하는 능력을 점점 더 요구하고 있다.
　따라서 오늘날의 어린이들에게는 앞날에 대한 자신의 목표를 세우고 꿈을 키워 갈 수 있도록 이끌어 주는 위인 전기의 의미가 한층 더 중요하다. 위인들의 삶 속에는 큰 뜻을 펼치는 포부와 자라면서 겪어야 했던 시련과

고통, 이를 이겨 내고 빛나는 업적을 이루기까지의 과정이 생생하게 담겨 있기 때문이다.

〈교과서에 나오는 위대한 인물〉은 21세기 문화의 시대를 살아가는 어린이들에게 본보기가 될 수 있는 위인들을 선정하고, 역사적 사실에 기초한 고증으로 내용에 충실을 기했다.

다양한 시각 자료와 본문 내용에 따른 삽화 구성, 내용의 이해를 돕기 위한 학습 도움말과 생생한 컬러 사진, 그리고 역사적 사건과 용어들을 설명해 주는 공부방 등으로 구성하여 어린이들이 쉽고 재미있게 읽을 수 있도록 배려했다.

이 책이 미래 사회의 주인공인 어린이들의 가슴에 지혜와 사랑, 용기와 신념을 심어 주는 길잡이가 될 수 있기를 바란다.

# 김유신 * 金庾信 *

## 아버지의 가르침 8

김유신은 지금으로부터 약 1400년 전인 595년에 태어났다.

## 낭비성의 싸움 28

고구려, 신라, 백제의 국경에서는 싸움이 그치지 않았다.
중국 수나라의 침략을 물리친 고구려는 이제 그 세력을 남쪽으로 확장해 갔다.

## 고구려로 간 김춘추 50

신라는 여러 차례 외세의 침입으로
나라 안이 한창 어지러울 때,
성군 진평왕이 세상을 떠나 딸인
덕만 공주(선덕 여왕)가 왕위에 올랐다.

## 신라의 두 기둥 70

총명하고 덕이 있어 나라를 잘 다스렸던
선덕 여왕이 죽었다는 소식을 듣고,
백제는 다시 신라를 치기로 했다.

## 삼국의 통일 94

당나라의 장수 소정방은 백제를 멸망시킨 후에도
돌아가지 않고 계속 머물면서 신라에 대해
이것저것 간섭을 했다.

# 아버지의 가르침

　김유신은 지금으로부터 약 1400년 전인 595년(진평왕 17년)에 태어났다.
　그의 아버지는 김서현으로, 신라의 변방인 만노군(지금의 충북 진천)의 태수였으며, 어머니는 만명 부인이라 불리고 있었다.
　김서현은 청렴 결백하고 어진 사람이어서 고을을 잘 다스렸다. 그의 부인도 어질고 착하여, 부부는 고을 사람들의 사랑과 존경을 듬뿍 받고 있었다.

"당신을 닮은 용감하고 총명한 아기를 낳았으면 좋겠어요."
만명 부인은 늘 김서현에게 이런 말을 했다.

그러던 어느 날, 김서현은 이상한 꿈을 꾸었다. 김서현은 깜짝 놀라 잠에서 깨어 방금 꾼 꿈을 생각하면서 일어나 앉았다. 곁에서 자던 부인도 김서현의 놀란 소리에 잠에서 깨었다.

"왜 그러십니까?"
만명 부인이 일어나면서 걱정스레 물었다.

"당신도 깨어났구려. 방금 이상한 꿈을 꾸었소. 하늘에 있는 밝은 별, 혹성과 진성 두 개가 북두칠성과 서로 어울리더니 갑자기 내게로 떨어지는 것이었소."

"그래요? 그것 참 좋은 꿈이군요. 사실 저도 이상한 꿈을 꾸었답니다."

"그래, 어서 말해 보시오."

"어떤 귀한 사람이 금빛 나는 갑옷을 입고, 임금님이 쓰는 면류관을 쓰고, 구름 수레를 타고 날아가고 있었어요. 그러다가 갑자기 땅으로 내려와 이 방으로 쑥 들어왔어요."

"부인의 꿈 역시 참 좋은 꿈이오. 우리 부부가 이렇듯 좋은 꿈을 꾸었으니 틀림없이 좋은 아들을 얻을 것이오."

"정말 그럴까요?"

그로부터 얼마 후에 만명 부인은 아기를 가진 것을 알게 되었다. 김서현과 만명 부인은 기뻐하면서 아기가 태어날 날을 손꼽아 기다렸다.

그러나 어찌된 일인지 아기는 열 달이 지나도 태어날 기미를 보이지 않았다.

"어떻게 된 일일까요?

"너무 걱정하지 마오. 그리고 마음을 편히 갖고, 항상 몸가짐에 조심을 하오."

만명 부인은 남편의 말을 따라 마음을 편히 가지며, 몸가짐에 조심을 했다.

열 달이 훨씬 지난 후 아기가 태어났다.

만명 부인의 아기는 어머니 뱃속에 너무 오래 있어서 그런지 다른 아기보다 훨씬 크고 건강했다.

김서현과 만명 부인은 몹시 기뻐하면서 아기의 이름을 무엇이라고 지어야 할지 의논했다.

"유신이 어떻겠소?"

김서현이 만명 부인에게 물었다.

"그 이름에 무슨 뜻이 담겨 있나요?"

"경진날 밤에 태어났으니 글자 모양과 음이 비슷한 유신이라 한 것이오."

"유신, 김유신……."

만명 부인은 아기의 이름을 입 속으로 가만히 불러 보았다.

"참 좋군요. 참 좋은 이름이에요."

"당신이 좋아하니 나도 기쁘오. 우리, 아기의 이름을 한번 불러 봅시다."

김서현과 만명 부인은 아기의 이름을 불러 보았다. 그러나 아기는 자신의 이름이 유신이라는 것을 모르는지 쌔근쌔근 잠만 자고 있었다.

김유신은 어려서부터 칼이나 활을 가지고 놀기를 좋아했다. 그는 나뭇가지를 꺾어 칼이라고 생각하며 휘둘렀으며, 그럴 때면 언제나 앞장서서 아이들을 이끌었다.

"자, 나를 따르라!"

동네 뒷산에서 개구쟁이들이 전쟁놀이를 하고 있었다. 그 중에서 유난히 키가 크고, 목소리가 쩌렁쩌렁한 아이가 앞장을 서서 지휘를 하고 있었다.

"아니, 목소리 큰 저 아이는 누군가?"

"누군 누군가, 태수 나리의 아드님 산다라 아닌가!"

"허, 그 녀석 참! 씩씩하기도 하이."

나무를 하던 동네 사람들이 이런 말을 주고받았다.

산다라는 김유신이 어릴 적에 불린 이름인데, 신라 사투리로 '굳세다'는 뜻이다.

그러나 아버지 김서현과 어머니 만명 부인은 아들 유신이 언제나 전쟁놀이만 하는 것이 걱정스러웠다.

"유신에게 글공부를 가르칠까 하오."

"그렇게 하세요. 하지만 저렇게 산으로 들로 쏘다니던 아이가 책상머리에 잘 붙어 있을지 걱정이군요."

이렇게 해서 김유신은 글공부를 시작했다. 그러나 항상 마음은 뒷산에서 이미 벌어져 있을 전쟁놀이에 가 있어서 공부가 머리에 잘 들어오지 않았다.

만명 부인은 아들을 엄하게 길러야겠다고 생각하고 회초리를 꺾어 왔다.

그러나 어린 김유신은 어머니의 회초리가 무서워서 공부를 하는 척만 하다가 어머니가 잠시만 자리를 뜨면 기다렸다는 듯이 마을 뒷산으로 뛰어갔다.

그러던 어느날 김유신이 상대편 대장에게 항복을 받아 기뻐하고 있는데, 누군가 김유신의 어깨를 잡았다.

김유신이 뒤를 돌아보니 그의 아버지였다.

김유신은 회초리를 맞을 각오를 하면서 아버지를 따라 집으로 왔다.

그러나 아버지는 꾸지람도 하지 않고 회초리도 들지 않았다.

"오늘은 너에게 집안 얘기를 들려줄까 한다. 잘 듣도록 해라. 나는 원래 금관 가야 사람이다. 금관 가야는 수로왕이 세운 나라로서 6가야* 중에서도 가장 강한 나라였다. 그러나 금관

**6가야**
1세기경 낙동강 하류 지방인 변한 지역에 일어난 부족 국가로 가락국이라고도 한다. 6가야란 금관 가야, 대가야, 아라 가야, 성산 가야, 고령 가야, 소가야를 아울러 이르는 말인데, 3세기 중엽에 세력이 강했던 금관 가야와 대가야를 중심으로 부족 연맹체를 이루게 되었다.

금관 가야의 10대 임금 구형왕의 능

가야는 백제와 신라 사이에 끼어 있어 발전할 수가 없었다. 그래서 10대 구형왕 때 신라와 합쳐진 것이다. 너의 할아버지는 구형왕의 둘째 아들이셨다. 그러니 너는 수로왕의 12대 손이 되는 것이다. 또한 너의 어머니는 신라 진흥왕의 동생인 숙글종의 따님이시다. 네가 어떤 피를 받고 태어났는지 알겠느냐?"

"예."

"지금 우리 신라는 하루도 싸움이 그치는 날이 없다. 더구나 고구려와 백제는 우리나라를 호시탐탐 노리고 있다. 고구려나 백제는 반드시 삼국을 통일할 꿈을 가지고 있을 것이다. 그보다 먼저 우리 신라가 삼국을 통일시켜야 한다. 너는 우리 신라를 위해서 목숨을 바칠 수 있는 훌륭한 사람이 되어야 한다."

"예, 아버지."

"전쟁놀이를 하는 것도 도움이 되겠지만 글공부도 게을리 해서는 안 된다. 알겠느냐?"

김유신은 아버지의 말씀을 듣고, 커서 무엇이 될지를 머릿속에 그려 보았다.

김유신은 그날 이후로 글공부에 열중했다.

김유신은 자라면서 전쟁놀이 대신 정식으로 무예를 배우게 되었다.

김유신은 아버지에게 말타기와 활쏘기, 그리고 칼 쓰는 법도 배웠다. 이리하여 그의 무술 솜씨는 하루가 다르게 늘어 갔다.

진평왕 31년, 어느덧 열다섯 살이 된 김유신은 평소에 그토록 바라던 '화랑'에 뽑혔다.

그 당시 신라에서는 삼국 통일이라는 큰 꿈을 이룩하기 위해, 충성스럽고 무술에 능한 많은 젊은이들을 기르고 있었다.

24대 진흥왕 때에는 이런 소년들을 '원화'라고 했으며, 그 우두머리로 아름다운 소녀를 뽑았었다.

그러나 여기에 좋지 못한 일이 생기자, 원화 대신에 화랑이라고 하여 소년을 우두머리로 하는 제도가 새로 생기게 되었다.

특히 화랑이 되기 위해서는 가문이 좋고, 용모가 단정해야 하며, 학식과 인격이 뛰어나고 무술에도 능해야 했다.

많은 젊은이들이 화랑 밑에 모여, 산 좋고 물 좋은 전국 각처를 두루 돌아다니며 몸과 마음을 닦았다. 그 젊은이들을 낭도라고 불렀다.

화랑이 된 김유신은 비록 나이는 어렸으나, 뛰어난 지도력을 발휘하여 화랑도에 뜻을 둔 소년들이 김유신 아래로 구름처럼 몰려들었다.

그들을 '용화 향도'라 불렀는데 다른 낭도들에 비해서 더욱 용맹하고 씩씩했다. 또 김유신은 원광 법사의 '세속 오계'를 늘 마음 깊이 간직하고 그것을 지키기 위해 노력했다.

'세속 오계'란 다음과 같다.

첫째, 임금은 충성으로 섬긴다.

둘째, 부모는 효도로써 섬긴다.

셋째, 벗을 사귀되 믿음으로써 하라.

넷째, 싸움에 임하여 물러서지 마라.

다섯째, 살아 있는 것은 함부로 죽이지 마라.

이것은 화랑이었던 귀산과 추항 두 사람이 당시의 이름난 스님이었던 원광 법사를 찾아가 가르침을 청해 받은 계율이었다.

어느덧 김유신의 나이가 열일곱 살이 되었다.

이때 신라는 국방을 튼튼히 하여 나라의 안과 밖이 몹시 평화로웠다.

어느 날, 김유신의 친척 한 분이 김유신의 용맹함과 씩씩함을

전해 듣고 말 한 마리를 선물로 보냈다.

 말은 키가 크고 허리가 날씬하며 털빛은 윤기가 흘러 아름다웠다. 또한 튼튼하고 날쌔어서 김유신은 이 말을 몹시 아꼈다.

 대개 말 손질 같은 것은 하인이 하는 일이었지만 김유신은 직접 말을 손질했다.

 어느 따뜻한 봄날이었다.

 김유신은 가까운 친구들과 무예 연습을 마치고 집으로 돌아가는 길에 잠깐 주막에 들러 술을 마시게 되었다.

 그 주막에는 천관이라는 아주 아름다운 아가씨가 술을 팔고 있었다.

 천관은 비록 술을 팔고 있기는 했지만 아주 마음씨가 곱고, 외모 또한 여느 양가집 규수 못지않게 아름다웠다.

 또한 김유신은 그녀가 가야금도 잘 타고 노래도 잘 불렀으며, 머리도 영리하다는 것을 잘 알았다. 그리하여 김유신은 날마다 자신이 아끼는 말을 타고 천관의 집으로 향했다.

 김유신은 천관을 사랑하게 되었던 것이다. 그 이후 김유신은 학문도 무예도 소홀히 하고 천관만 생각했다.

 보다못한 친구가 김유신에게 충고했다.

"여보게, 장차 이 나라의 기둥이 되어야 할 자네가 기생에게 빠져 학문과 무예를 소홀히 하니 참 큰일일세."

그러나 김유신의 귀에는 아무런 소리도 들리지 않았다. 천관의 노랫소리만이 들려 올 뿐이었다.

"이제 그만 정신을 차리게나."

"자네는 상관 말게."

할 수 없이 친구는 만명 부인을 찾아가 김유신과 천관의 사이에 대해 이야기를 했다. 그는 진정으로 친구를 아꼈던 것이다.

그날도 김유신은 천관의 집에 들르느라 밤 늦게야 집으로 돌아왔다.

김유신이 방에 들어서자 어머니 만명 부인이 앉아 있었다. 김유신은 전에 없던 일이라서 깜짝 놀라 어머니 앞에 무릎을 꿇고 앉았다.

"네가 요즘 천관이라는 기생의 집에 자주 드나든다는 것이 사실이냐?"

"예, 어머니."

김유신은 머리를 푹 숙이고 간신히 대답했다.

"일찍이 아버지께서 네게 뭐라고 가르치셨더냐?"

신라 회화를 연구하는 데 중요한 자료인 〈천마도〉(왼쪽)와 금관(오른쪽). 천마총 출토

김유신은 아무 말도 할 수 없었다.

"몸과 마음을 닦아야 하는 화랑으로서 부끄러운 일이다. 당장 발길을 끊도록 해라!"

그 말을 듣자 김유신은 눈앞이 캄캄해지는 것 같았다. 잠시만 보지 못해도 눈앞에서 천관의 아리따운 모습이 아른거리는데 어머니가 가지 말라고 하니 말이다. 김유신은 그날 밤 한잠도 못 자고 밤새도록 곰곰이 생각해 보았다.

'화랑으로서 부끄러운 일이다.'

어머니의 이 말이 가슴을 무겁게 짓눌러 왔다.

그때는 명예를 목숨보다 중히 여기는 시대였다. 밤을 꼬박 새운 다음에야 김유신은 비로소 굳은 결심을 했다.

'천관을 다시는 만나지 않으리라.'

다음 날부터 김유신은 천관의 집에 발길을 끊었다.

김유신의 마음은 몹시 괴로웠지만 꾹 참는 수밖에 없었다. 천관을 잊기 위해 그동안 소홀히 했던 학문과 무예에 열심히 매달렸다.

그러던 어느 날이었다. 그날도 열심히 무예 훈련을 한 터라 몹시 피곤하였던지 김유신은 집으로 돌아오는 길에 말 위에 앉아 꾸벅꾸벅 졸았다.

얼마 지난 후, 말이 갑자기 걸음을 멈추는 바람에 놀란 김유신은 눈을 번쩍 뜨고 사방을 둘러보았다.

'아니, 여, 여기는?'

말은 뜻밖에도 천관이 있는 집 앞에 서 있는 것이 아닌가! 지난 날 김유신을 태우고 자주 그곳에 왔었기 때문에 말은 주인이 조는 사이에 예전 버릇대로 그곳까지 왔던 것이다.

말이 우는 소리를 듣고 천관이 맨발로 뛰어나왔다.

"화랑님!"

천관은 너무 반가워서 눈물까지 글썽거리며 김유신을 바라보았다. 김유신은 천관에게 다가가 손을 잡으려고 했다.

그러나 그때, 어머니 만명 부인이 엄히 꾸짖던 소리가 마음속에서 들려왔다.

'화랑으로서 부끄러운 일이다.'

김유신은 그 순간 칼을 빼들었다.

천관이 놀라서 한 걸음 뒤로 물러섰다.

"네놈이 나의 결심을 꺾으려고 하다니……."

김유신은 아무것도 모르고 큰 눈만 껌뻑거리고 있는 말의 목을 향하여 높이 치켜든 칼을 힘껏 내리쳤다.

스스로의 결심을 다지기 위해 눈물을 머금은 채 자신이 그토록 아끼던 말의 목을 베어 버린 것이다.

"화랑님, 말이 무슨 죄가 있다고 죽이세요. 제가 미우면 차라리 저를 죽이실 것이지. 흑흑……."

천관은 쓰러지며 울부짖었다. 그러나 김유신은 뒤도 돌아보지 않고 집으로 향했다.

사랑하던 천관을 멀리 하고, 또 그토록 아끼던 말의 목까지 베어 버린 김유신의 마음은 천 갈래 만 갈래로 찢어지는 것만

같았다.
 김유신은 마음 속으로 천관에게 용서를 빌었다. 그리고 말에게도 용서를 빌었다.
 한편, 천관은 오랜만에 김유신이 찾아온 줄 알고 반겨 맞았으

나 김유신이 말의 목을 베고 돌아서자, 김유신의 마음이 완전히 돌아선 것으로 생각하고 상심하여 병에 걸렸다.

한번 병이 생기자 낫지를 않고 나날이 깊어만 갔다. 천관도 김유신을 그토록 사랑했던 것이다. 천관은 끝내 병이 깊어 죽고 말았다.

천관이 죽었다는 소식을 들은 김유신은 무예 닦기를 더욱 열심히 했다.

천관을 죽게 만든 것은 자신의 탓이며, 만약 훌륭한 장수가 되지 못한다면 천관의 죽음은 헛된 죽음이 될 것이라고 생각했던 것이다.

훗날 김유신은 그녀가 살던 집터에 그녀의 이름을 따서 '천관사' 라는 절을 세워 그녀의 슬픈 넋을 위로해 주었다.

## 화랑도

화랑도는 신라 시대 화랑을 중심으로 한 청소년 수양 단체로 국선도, 또는 풍류도라고도 한다. 원래 씨족 공동체의 청소년 집단에서 비롯된 것인데, 신라의 국가 조직이 커지면서 그것에 맞추어 새로운 사회에서 필요로 하는 인재를 양성하는 기관으로 재편성된 것이라 할 수 있다.

화랑도는 처음에 미녀를 뽑아 원화라 하여 그들을 중심으로 무리를 이루었으나, 원화가 서로 시기하는 일이 생겨 여자 대신에 남자 중심으로 바꾼 것이다. 그 뒤 576년(진흥왕 37년)에는 국가의 공적인 기구로 발전하였다. 화랑 집단은 화랑도의 총지도자로서 국선 한명을 두고, 그 아래에 용모가 단정하고 사교성이 풍부한 열다섯 살부터 열여섯 살의 귀족 자제들로 이루어진 여러 명의 화랑이 있었으며, 각 화랑은 다시 수천 명에 이르는 낭도를 거느리고 있었다.

이들 구성원들은 경주 부근의 남산이나 금강산·지리산 등 유명한 산과 큰 강을 두루 돌아다니면서 몸과 마음을 닦고 시가와 음악을 즐기는 한편, 무술을 익혀 단결의 정신과 강인한 체력을 길렀다. 또 전쟁이 일어나면 전쟁터에 나아가 나라를 위하여 목숨을 바쳐 싸웠다.

따라서 화랑도는 나라의 인재를 기르기 위한 교육 단체이며 일종의 군사적 전사단이었고, 나아가서는 사교 단체나 종교 단체의 성격도 아울러 지니고 있었다.

화랑도의 이념인 화랑 정신은 재래의 공동 사회 이념 위에 새로운 유교·불교 정신을 더한 것으로, 진평왕 때 원광 법사가 귀산과 추항의 두 화랑에게 가르친 '세속 오계'가 화랑 정신의 바탕이 되었다.

세속 오계는 유교, 불교, 도교의 정신 세계에다 당시 신라가 당면한 삼국 통일이라는 현실적 요구를 반영한 것이다. 이에 따라 화랑도 중에서 김유신·김흠순·죽지·사다함·관창·원술·비령자 등의 훌륭한 충신과 장군들이 많이 나오게 되어, 신라는 마침내 삼국 통일의 위업을 이룩하게 되었다.

화랑 정신을 바탕으로 청소년을 교육시키는 화랑의 집

이처럼 화랑도는 삼국 항쟁이 치열하게 전개되기 시작한 진흥왕 때 제정되어 삼국 통일을 이룩한 문무왕 때에 이르기까지 크게 융성하였으며, 통일기의 어려운 시기에 국난을 회복하는 데 크게 이바지하였다.

그러나 이러한 화랑도는 신라의 삼국 통일 이후 평화가 계속되자 점차 쇠퇴하였다. 수련은 군사적 목표를 상실한 채 놀이의 성격을 띠게 되었다. 신라 말기에는 귀족들의 문객 또는 사병적인 성격을 띠는 집단으로 변하였고, 신라의 멸망과 함께 화랑도는 사라지게 되었다.

그러나 화랑도의 정신은 우리 민족 고유의 전통과 이념이 겉으로 드러난 것으로서 신라가 망한 후에도 고려, 조선 시대를 통하여 면면히 계승되어 국가 유사시에는 독립 정신과 애국 정신의 상징으로서 오늘날까지 줄기차게 존속되어 왔다.

# 낭비성의 싸움

고구려, 신라, 백제의 국경에서는 싸움이 그치지 않았다. 중국 수나라의 침략을 물리친 고구려는 이제 그 세력을 남쪽으로 확장해 갔다.

그 과정에서 고구려는 자꾸만 신라를 공격했고, 당과의 교역로를 빼앗으려고 애쓰고 있었다.

당시의 신라는 중국의 당나라와 교역하면서 당의 우수한 문물을 받아들였으며 무역도 하고 있었다.

신라는 이렇게 당과의 직접적인 교류에 의지하여 국력을 키우고 있었던 것이다. 고구려군에 의해 교역로를 빼앗긴다는 것은 신라에게 큰 타격을 주는 일이 아닐 수 없었다.

신라 진평왕은 629년, 마침내 용춘을 대장군으로 삼아 고구려의 낭비성을 공격하라는 명령을 내렸다.

이 싸움에서는 당시 신라의 이름 있는 여러 장수들과 함께 상장군 김서현과 화랑 출신인 그의 아들 유신도 부장으로 출전하게 되었다.

서라벌을 떠난 신라군은 기세 당당하게 진격하여 낭비성 근처에 이르렀다.

그러나 신라군의 움직임을 미리 염탐한 고구려군은 한발 앞서 성 주위에 매복하고 신라군이 도착하기만을 기다리고 있었다.

고구려군의 이런 작전을 눈치채지 못한 신라의 용춘 장군은 공격 명령을 내렸다.

"낭비성은 이제 신라의 것이다. 총공격하라!"

그러나 이때, 숨어 있던 고구려 군사들이 우르르 몰려나와 신라군의 앞뒤를 덮쳤다. 기습을 당한 신라 군사들은 당황하여 흩어지기 시작했다.

"물러서지 말라!"

용춘 장군*이 칼을 휘두르며 큰 소리로 외쳐 댔으나, 이미 신라군은 사방으로 흩어진데다 여러 차례 겪은 싸움으로 고구려군의 용맹을 잘 알고 있는 터라 뒤로만 물러서는 것이었다.

이에 고구려군은 더욱 힘을 내어 일제히 밀어붙였다. 그들이 휘두르는 창칼 앞에 신라군은 하나 둘 낙엽처럼 쓰러져 갔다.

"퇴각하라!"

용춘 장군은 어쩔 수 없이 후퇴를 명령했다.

낭비성 밖에 진을 친 신라군은 이튿날 또다시 고구려군을 공격했으나, 이미 사기가 떨어진 신라군은 희생만 늘어 갈 뿐이

---

**용춘 장군**

용춘 장군은 진지왕의 태자(사륜 태자)이자, 진평왕의 사위이며, 선덕 여왕의 형부이다. 그는 아버지 진지왕이 재위 3년 만에 폐위되었기 때문에 왕위가 사촌인 진평왕에게 돌아갔다.
그러나 그는 진평왕의 딸 천명 공주와 결혼하여 김춘추를 낳았다. 결국, 그는 태종 무열왕의 아버지라 훗날 문흥왕으로 추증되었다.

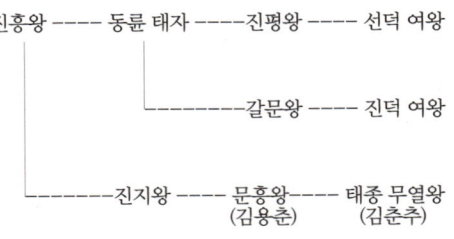

**용춘 장군의 가계도**

었다.

　용춘 장군은 여러 장수들을 불러들여 상의를 했다. 그러나 뾰족한 방법이 없었다.

　이 광경을 지켜보고 있던 김유신은 아버지 앞으로 다가갔다.

"아버님!"

"왜 그러느냐?"

침통한 얼굴로 생각에 잠겨 있던 김서현은 아들이 갑작스럽게 나서자 약간 놀란 듯했다.

"저는 일찍이 화랑이 되어 오직 화랑도를 지키며 살아왔습니다. 지금 우리 신라군은 극도로 사기가 떨어져 있습니다. 누구든지 우리 군사들에게 용기를 불어넣어 줄 수만 있다면 상황은 크게 달라지리라고 믿사옵니다. 옷깃을 여미면 옷이 바로 되고, 벼리를 당기면 그물이 펴진다는 말이 있지 않습니까? 제가 오늘 신라군의 옷깃과 벼리가 되어 보겠습니다."

김서현은 아들의 말을 다 듣고 난 뒤 크게 고개를 끄덕이며, 아들의 출전을 허락했다.

"네 뜻이 진정 그렇다면 한번 그 뜻을 펼쳐 보아라."

김유신은 칼을 들어 군례를 드리고 조금도 주저함이 없이 고

구려 진영으로 달려갔다.

　이때 고구려 진영에 있던 장수들은 이미 싸움은 끝난 것이나 다름없다고 방심하고 있던 터라 신라 진영에서 질풍같이 달려오는 한 장수를 보고 깜짝 놀랄 수밖에 없었다. 그들은 활을 쏘는 것조차 잊은 채 멍하니 그 모습을 바라보고만 있었다.

　순식간에 고구려 진영으로 뛰어든 김유신은 번개처럼 칼을 휘두르며 고구려 군사들을 베었다.

"이놈들! 내 칼을 받아라!"

"으악!"

"신라의 용감한 화랑이 너희 같은 놈들에게 물러서기만 할 줄 알았더냐!"

　김유신의 칼이 번뜩이는 곳에는 적군의 목이 낙엽처럼 떨어졌고, 말굽이 지나는 곳에는 피보라가 일었다. 김유신의 우렁찬 고함 소리에 도망치는 적군도 수없이 많았다.

　신라군 진영에서는 모두 숨을 죽이고 그 광경을 지켜보고 있었다.

"이 젖비린내 나는 놈! 내가 상대해 주마!"

"좋다, 내 칼 맛을 보여 주지!"

김유신과 고구려 장수가 맞붙어 싸우는 전장에는 마치 용과 범이 겨루던 터라 먼지가 구름같이 자욱하게 일었다.

한동안 치열한 싸움이 계속되었으나 좀처럼 승부가 나지 않았다.

시간이 흐를수록 고구려 장수는 민첩하게 휘둘러 대는 김유신의 칼을 막기에는 힘이 부치는 듯했다.

그때 김유신의 칼이 번개처럼 상대방의 허점을 비집고 들어갔다.

"으헉!"

외마디 소리와 함께 고구려 장수는 즉시 땅으로 고꾸라졌다.

김유신은 적장의 머리를 칼끝에 꿰어 들고 신라 진영으로 돌아왔다.

"와아……!"

신라 진영에서는 함성이 터져 나왔다.

"모두 돌격!"

용춘 장군은 명령을 기다렸다는 듯 신라 군사들과 함께 성난 파도처럼 고구려 진영을 향해 돌진했다.

갑자기 들이닥친 신라군의 사나운 기세에 눌린 고구려군은 모두들 주춤거리며 맞서 싸울 생각을 하지 못하고 있었다.

이에 사기가 오른 신라 군사들은 닥치는 대로 적군들을 베어 넘기며 돌진했다.

마침내 고구려 군사들은 뿔뿔이 흩어져서 성 안으로 도망쳤다. 이제 전세는 완전히 뒤바뀌었다.

"성문을 부숴라!"

용춘 장군은 북을 울리며 사기를 돋우었다.

신라군은 성문을 부수고 계속해서 노도와 같은 기세로 쳐들어갔다. 김유신 역시 칼을 휘두르며 앞장서서 용감하게 싸웠다.

마침내 그렇게 자신 만만하던 고구려 군사들도 더 이상 견디지 못하고 창과 칼을 버린 채 항복하고 말았다.

싸움을 할 때마다 계속 지기만 하던 신라군이 고구려의 낭비성을 함락시킨 것이다.

"김유신, 그대가 없었던들 어찌 낭비성이 신라의 것이 되었겠는가? 그대의 공이 으뜸이니라!"

용춘 장군은 몇 번이고 김유신을 칭찬했고, 아버지 김서현도 아들을 자랑스럽게 추켜세웠다.

이 싸움에서 김유신은 큰 공을 세웠고, 용춘 장군을 비롯한 신라 군사들은 승전의 북을 크게 울리며 서라벌로 개선했다.

김유신과 김춘추는 일찍부터 친하게 지내고 있었다. 두 사람은 함께 통일된 조국의 앞날을 꿈꾸기도 하고, 서로 시를 지어 주고받으며 놀기도 했다.

김유신에게는 누이동생이 둘 있었는데 언니는 보희, 동생은 문희였다.

어느 날, 보희가 자다 말고 일어나 문희를 깨웠다.

"얘, 문희야, 문희야! 좀 일어나 봐."

"졸린데 왜 그래? 무슨 일이야?"

문희는 하품을 하며 일어나 앉았다.

"으응, 꿈이 하도 해괴 망측해서……."

"그래? 무슨 꿈인데?"

"으응, 저기……."

"어서 얘기해 봐. 기껏 깨워 놓고는 망설이는 건 또 뭐야?"

"말을 하려니까 부끄러워서 그래."

보희는 얼굴이 빨갛게 물들어 있었다.

"아유 답답해. 언니! 대체 무슨 꿈인데?"

"으응, 내가 말이야, 꿈에 서산에 놀러 갔지 뭐야? 한참 꽃을 구경하면서 이리저리 거닐고 있는데 갑자기 오줌이 마려운 거야."

"그래서?"

"으응, 내가 주위를 둘러보았더니 아무도 없는 거야. 그래서 오줌을 누기 시작했는데 글쎄, 그 오줌이 이 서라벌에 가득 차지 뭐니? 아유, 망측해."

문희는 그 이야기를 듣고 뭔가 잠시 생각에 잠기더니 곧 언니에게 물었다.

"언니는 그 꿈이 정말 망측하다고 생각해?"

"그럼, 망측하지 않구?"

"그럼 그 꿈, 내게 팔아. 꿈 값으로 비단치마를 하나 줄게!"

"아니, 그렇게 망측한 꿈을 사서 뭐하게?"

"글쎄, 내게 팔아."

그러면서 문희는 가장 아끼던 비단치마를 꺼내 보희에게 주었다.

"호호, 이거 내가 한번만 빌려 입자고 해도 싫다던 그 치마

아냐? 좋아! 옛다, 꿈 가져가거라. 호호호!"

보희는 꿈이 무슨 물건인양 던지는 시늉을 하고, 문희는 받는 시늉을 했다. 그 당시에는 말로 꿈을 사고 파는 풍습이 흔히 있었다.

그날 밤 보희는 쉽게 잠이 들었지만 문희는 잠이 오지 않았다.

오빠에게 자주 놀러 오던 김춘추를 몰래 좋아했던 것이다.

며칠 후, 오월 단옷날이 되었다.

그날도 김춘추는 김유신의 집으로 놀러 와 글을 읽고 있었는데 문득 김유신이 제안을 했다.

"오늘 날씨가 이렇게 화창하고 좋으니, 집에서 글만 읽고 있을 것이 아니라 들판을 뛰어다니며 놀이나 하는 게 어떻겠습니까?"

마침 김춘추도 답답하던 참이라 얼른 그러자고 승낙했다.

두 사람은 시간 가는 줄도 모른 채 즐겁게 놀았다.

이때 김유신이 김춘추의 옷자락을 밟아 그만 옷이 찢어지고 말았다.

"아이구 이걸 어떡하면 좋습니까?"

서역 벽화에 그려진 신라의 사신. 삼국 시대에도 멀리 서역까지 사신들의 교류가 활발했음을 보여 준다.

"글쎄, 이거 왕족 체면에 찢어진 옷을 입고 다닐 수도 없고……."

"그럼, 우리 집에 가서 옷을 꿰매시지요. 제 누이 동생 보희가 바느질 솜씨 하나는 일품입니다."

"그럴까요?"

김유신은 김춘추를 데리고 집으로 왔다.

"애, 보희야. 춘추 공의 옷자락이 찢어졌는데 네가 나와서 좀 꿰매어 드려라."

김유신이 누이동생 보희를 불렀다.

하지만 보희는 유난히 부끄럼을 잘 타는 성격이라, 밖에 나오지도 못한 채 말했다.

"아이, 오라버님도! 제가 어떻게 귀한 어른 앞에 나가서 바느질을 하겠어요?"

"그럼 어떡하느냐? 내가 꿰맬 수는 없는 노릇 아니야? 그러지 말고 어서 바늘과 실을 들고 나오너라."

"싫어요. 전 도저히 못 하겠어요."

그때 문희가 나섰다.

"제가 그분의 옷을 꿰매어 드릴게요."

"그래. 그럼 네가 하도록 해라."

김춘추는 마루에 앉아 있었다. 문희는 그 곁으로 살며시 다가가서 김춘추의 옷을 꿰매기 시작했다.

김춘추는 '김유신에게 이렇게 예쁜 누이동생이 있었다니!' 하고 마음속으로 깜짝 놀랐다.

옷을 꿰매는 문희의 모습을 슬쩍슬쩍 자꾸 쳐다보았다. 김춘추의 눈길을 눈치챈 문희도 김춘추를 바라보았다.

정면으로 마주앉아 본 적은 없었지만, 문희는 그동안 김춘추가 놀러 오면 방문 틈으로 김춘추를 자주 엿보곤 했다.

그리고 아무도 모르게 김춘추를 좋아했던 것이다.

바느질을 끝낸 문희는 아쉬운 얼굴로 일어서더니 김춘추를 향해 한 번 방긋 웃고는 방 안으로 쏙 들어가 버렸다.

그런 일이 있고 나서부터 김춘추는 김유신의 집에 자주 드나들었다.

그러는 동안 두 사람의 사랑은 날로 깊어져, 문희는 마침내 김춘추의 아기를 가지게 되었다. 문희는 부끄러움을 무릅쓰고 오빠 김유신에게 이 사실을 알렸다.

"문희야, 염려 마라. 다 내게 생각이 있다."

김유신은 선덕 여왕이 산으로 꽃놀이 가는 날을 기다렸다. 그러나 선덕 여왕은 그때 몸이 좋지 않아 꽃놀이를 나갈 수가 없었다.

김춘추가 궁으로 들어가서 여왕에게 아뢰었다.

"여왕마마, 편찮으시다고 방 안에만 계시면 오히려 해롭습니다. 지금 밖에 꽃이 만발하여 경치가 아름답고 향기롭습니다. 바람을 쏘이시면 어떨는지요?"

"오오, 월성 공자. 공자의 말이 맞도다. 내일이라도 당장 꽃놀이를 갈 것이야."

선덕 여왕은 신하들에게 꽃놀이 행사를 준비시켰다.

다음 날 선덕 여왕은 김춘추와 여러 신하들과 함께 남산으로 나들이를 갔다.

여왕 일행이 남산에서 꽃놀이를 하고 있다는 보고를 받은 김유신은 갑자기 마당에 장작을 쌓으라는 명령을 내렸다.

"여봐라! 마당 한가운데에 장작을 쌓아라."

"아니, 갑자기 왜 장작을 쌓으라는 거지?"

하인들이 의아해하면서 마당에 장작을 쌓았다.

김유신은 맨 밑바닥에는 덜 마른 장작을 놓도록 지시했다.

"문희를 이리 끌어 내어라!"

장작을 다 쌓은 하인들은 김유신의 이런 엉뚱한 명령을 듣게 되자 깜짝 놀랐다.

"아니, 아가씨는 왜요?"

"문희는 아직 시집을 안 간 처녀인데도 불구하고 아기를 가져 우리 가문에 먹칠을 했다. 그래서 오늘 문희를 화형에 처할까 한다."

문희의 언니 보희는 얼른 달려가 오빠 김유신을 말렸지만 김유신은 문희를 도저히 용서할 수 없다고 말했다.

김유신의 호통이 너무 컸으므로 하인들도 더 이상 거역할 수가 없었다.

드디어 문희는 울면서 장작더미 위에 올라앉았다.

장작에 불을 붙이자 아직 덜 마른 장작들은 연기만 뭉게뭉게 낼 뿐 잘 타오르지 않았다.

남산에서 꽃놀이를 하던 선덕 여왕은 남산 아래 동네에서 갑자기 뭉게뭉게 피어오르는 연기를 보고 깜짝 놀랐다.

"아니, 저게 무슨 연기인가?"

"어디 불이 난 모양입니다."

"불이 났으면 큰일 아니냐. 어서 산을 내려가서 어느 집이 얼마만큼 탔는지 알아보고 오너라."

선덕 여왕이 사람을 보내서 알아 오게 했다.

얼마 후에 그 사람이 돌아와서 여왕에게 보고했다.

"여왕마마, 저 연기는 불이 난 것이 아니라 김유신이 자기 누이동생을 불태우기 위해 피운 것이라 합니다."

선덕 여왕의 눈이 휘둥그레졌다.

"아니, 누이동생이 대체 무슨 죄를 지었길래 불로 태워 죽인단 말이냐?"

신라 시조 김알지의 탄생 설화가 전해지는, 경주의 계림

"아직 결혼도 하지 않았는데 아기를 가졌다고 합니다."
"그런 일로 누이동생을 죽이다니 너무 끔찍하구나. 가서 김유신에게 일러라. 아이 아버지가 누구인지는 모르나 그 사람을 찾아내어서 결혼을 시키라고. 만약 아이의 아버지가 결혼을 못 하겠다고 한다면 여왕인 내가 그 아이의 아버지를 벌하겠다고 말이다."
"예, 여왕마마."
그때, 곁에 있던 김춘추의 얼굴이 빨갛게 되었다. 그는 여왕 앞에 무릎을 꿇고 말했다.

"여왕마마, 그 아이의 아버지는 사실 저이옵니다. 벌하여 주시옵소서!"

"뭐라고? 월성 공자가……?"

이리하여 선덕 여왕은 왕족인 김춘추와는 어울리지 않는 문희와의 결혼을 허락할 수밖에 없었다.

드디어 김춘추와 문희는 결혼을 했다.

훗날 김춘추는 신라 29대 태종 무열왕이 되고, 문희는 그 왕비가 되었다.

후세 사람들은 말하기를 비단치마를 주고 산 꿈은 왕비가 될 꿈이었고, 총명한 문희가 그 꿈을 샀기 때문에 왕비가 된 것이라 했다.

## 태종 무열왕(602~661)

　성은 김씨이고 이름은 춘추이다. 진지왕의 손자로 이찬 용춘의 아들이며, 어머니는 천명 부인으로 진평왕의 딸이다. 비는 문명 부인인데 김유신의 누이동생 문희이다.

　진덕 여왕이 죽었을 때 여러 신하들이 처음에는 왕위 계승자로서 상대등 알천을 천거하였으나, 알천이 사양하고 그 대신 김춘추를 천거하였다. 이에 김춘추가 추대를 받아 즉위하여 왕이 되니 당시 나이가 52세였다.

　그의 즉위에는 오래전부터 상당히 복잡한 정치적 문제가 있었다. 즉 김용춘·김춘추는 김유신 계의 군사적 능력이, 김서현·김유신은 김춘추 계의 정치적 위치가 절대적으로 필요하였던 것이다. 이러한 상호 이익에 입각한 양파의 정치적 결탁은 신라 중고 왕실(中古王室)의 진골 귀족 내에서 새로운 귀족 집단을 형성하게 되었다.

　그러나 642년에 신라의 서방 요충인 대야성(지금의 합천)이 백제에게 함락되고 사위인 김품석 부처의 죽음은 김춘추 계에 큰 충격을 주었다. 이 사건은 김춘추로 하여금 대외적인 외교 활동을 전개하게 하는 직접적인 동기가 되었다. 그리하여 대야성에서의 원한을 갚기 위하여 고구려에 원병을 청하러 갔다.

　그러나 고구려와의 동맹 관계 수립을 위한 이 외교는 진흥왕 때에 신라가 고구려로부터 빼앗은 한강 상류 유역의 영토 반환 문제로 말미암아 결렬되고, 오히려 김춘추는 고구려에 억류당했다가 겨우 탈출하였다. 김춘추는 고구려와의 동맹 관계 수립에 실패하자 다시 당나라와의 관계 강화를 위하여 648년에 당나라에 파견되어 적극적인 친당 정책을 추진하였으며, 당 태종으로부터 군사

지원을 약속받았다.

친당 외교와 내정 개혁을 통하여 신장된 신귀족 세력의 힘을 기반으로 하여 김춘추는 진덕 여왕이 죽은 뒤에 화백회의에서 왕으로 추대되었다. 무열왕은 왕권의 정통성을 확립하고, 율령정치를 강화하였다.

그리고 655년에 법민을 태자에 책봉함으로써 왕권의 안정을 꾀하는 한편 문왕을 비롯한 여러 아들의 관등을 올려줌으로써 권력 기반을 강화시켰다. 656년에는 당나라에서 귀국한 김인문을 군주(軍主)에, 658년에는 당나라에서 귀국한 문왕을 집사부 중시(中侍)로 임명하여 직계 친족에 의한 지배 체제를 구축하였다. 또한 그의 즉위에 큰 기여를 하였던 김유신에 대해서는 660년에 상대등으로 임명하여 왕권을 보다 전제화할 수 있는 계기를 만들었다.

655년에 고구려가 백제·말갈과 연합하여 신라 북쪽 지방의 33성을 차지하자 신라는 당나라에 구원병을 청하였고, 이에 당나라의 정명진과 소정방의 군사가 고구려를 공격하였다. 또한 659년에는 백제가 자주 신라의 변경 지방을 침범하므로 당나라의 군사를 청하여 660년부터 본격적인 백제 정벌을 추진하여 수도인 사비성을 함락시키고, 이어서 웅진성으로 피난하였던 의자왕과 왕자 부여 융의 항복을 받음으로써 마침내 백제를 멸망시킬 수 있었다.

통일전에 있는 태종 무열왕 사적비

# 고구려로 간 김춘추

신라는 여러 차례 외세의 침입으로 나라 안이 한창 어지러울 때, 성군 진평왕이 세상을 떠나 딸 덕만 공주(선덕 여왕)가 왕위에 올랐다.

그러나 침략은 계속되어 642년(선덕 여왕 11년)에는 백제의 명장 윤충이 대야성을 공격해 왔다. 당시 대야성의 성주는 김춘추의 사위 김품석이었다.

김품석은 신라의 명장이었으나 대야성 성주가 된 뒤부터는 방탕한 생활만 하다가 백제군에게 공격을 당하자, 항복을 하려고 했다. 그러나 죽죽 등 용맹한 부하 장수들이 끝까지 성을 지키다가 남은 군사들과 함께 장렬한 최후를 마쳤고, 이 소식을 들은 김품석은 아내와 함께 자결하고 말았다.

대야성이 함락되었다는 소식은 곧 서라벌에 전해졌다.

하루 아침에 사랑하는 딸과 사위를 잃은 김춘추는 울분을 참지 못해 이를 갈았다.

'오냐, 내가 기어이 너희들의 원수를 갚고 말리라.'

김춘추는 곧바로 선덕 여왕 앞으로 나가 아뢰었다.

"여왕마마, 백제가 이젠 우리 신라를 우습게 보고 더 자주 침략을 해 올 것입니다. 이미 성을 빼앗긴 것만도 억울한데, 또 침략을 받는다면 이 나라 백성은 물론이고, 나라의 운명 또한 비참하게 될 것입니다."

"나도 알고 있어요. 대체 이 일을 어떻게 했으면 좋겠소?"

"우리 신라는 지금 힘이 부족하므로 도저히 혼자서는 백제를 칠 수가 없습니다. 고구려와 협력하여 백제를 친다면 백제는 쉽게 무너질 것입니다."

"하지만 고구려가 무슨 까닭으로 우리를 도와주겠소?"

"고구려도 백제가 점점 강해지는 것에 겁을 내고 있습니다. 틀림없이 우리를 도와줄 것입니다."

"그래, 그럼 누구를 고구려로 보내면 되겠소?"

"저를 보내 주십시오. 반드시 고구려의 협력을 얻어 내고야 말겠습니다."

선덕 여왕은 재상인 김춘추를 몹시 아끼고 있었다.

"그것은 절대로 안 되는 일이오. 다른 사람을 보내는 것이 좋겠소. 잘못하면 목숨을 잃을지도 모르는데 내 어찌 춘추 공을 보낸단 말이오?"

"여왕마마, 저를 믿어 주시옵소서. 나라가 위태로운 지경에 이르렀는데 어찌 제가 목숨을 아끼려 하겠습니까?"

선덕 여왕은 할 수 없이 김춘추에게 허락을 내렸다.

선덕 여왕 앞에서 물러나온 김춘추는 그 길로 김유신을 찾아갔다. 그리고 그의 계획을 알렸다.

김유신도 극구 말렸다.

하지만 김춘추의 결심이 너무 굳건하여 김유신은 도저히 그 뜻을 꺾을 수가 없었다.

"좋습니다. 그럼 제가 따라가겠습니다."

"아니오. 이것은 나 혼자로도 족한 일이오. 만약 나의 목숨이 위태롭게 된다면 그대의 목숨도 위태롭게 될 것이니, 그리 된다면 우리 신라의 앞날이 너무 어렵지 않겠소? 내가 만약 60일이 지나도 돌아오지 않으면 내가 죽은 줄로 알고 부디 여왕을 도와주시오."

"60일이 지나도 돌아오지 않으면 내 반드시 고구려를 쳐서 복수를 할 것입니다."

"고맙소. 그럼 다녀오리다."

김춘추는 고구려를 향해 출발했다.

김춘추를 맞이한 고구려의 보장왕은 처음에는 김춘추를 크게 환영해 주었다. 김춘추가 보장왕의 마음을 사기 위해 많은 선물을 가져갔기 때문이다.

그러나 연개소문은 김춘추가 거처하는 곳에 심복을 배치해 놓고, 김춘추의 행동 하나하나를 감시하여 보고하게 했다. 더군다나 김춘추는 60일이 지나도록 보장왕을 만날 수가 없었다.

"아직도 보장왕을 배알할 수 없소이까?"

"예, 더 기다리시지요."

어느 날 김춘추의 거처에 심어 놓은 심복이 연개소문에게 보고했다.

"김춘추가 속으로는 매우 수상한 뜻을 품은 듯 싶사옵니다."

"그렇다면 더더욱 그놈을 살려 보낼 수 없지."

연개소문은 곧 보장왕을 찾아가서 김춘추를 감옥에 처넣을 방법을 아뢰었다.

"그럼, 김춘추를 부르시오."

잠시 후 김춘추가 들어와 보장왕에게 인사를 올렸다.

"신라의 김춘추, 하례드리옵니다."

"그대는 고구려와 신라가 힘을 합쳐 백제를 치자고 하였는데, 그 전에 한 가지 조건이 있소."

"한 가지 조건이라면……."

"그대도 알다시피 원래 신라의 마목현과 죽령의 북쪽은 우리 고구려의 땅이오. 이 땅을 고구려에 다시 돌려준다면 우리는 신라를 돕겠소."

그것은 터무니없는 억지 소리였다.

"저는 왕명을 받들어 고구려에 원조를 청하러 온 것입니다. 그런 문제는 제가 대답할 수 있는 것도 아니옵니다."

"그대는 왕손이 아니오? 먼저 여기에 대한 확답을 주시오."

보장왕은 여전히 엉뚱한 문제를 물고 늘어졌다.

김춘추의 등에서는 식은땀이 줄줄 흘러내렸다. 여기서 말 한 마디라도 잘못했다가는 목숨이 위태로워질 것이란 생각이 들었다.

"그러면 잠시만 생각할 여유를 주시옵소서."

김춘추는 공손하게 아뢰었다.

"좋소, 그렇다면 이틀의 여유를 주겠소. 여봐라! 춘추 공의 숙소를 별관으로 옮기고 각별히 대접하여라."

말이 별관이지, 그것은 감옥이나 마찬가지였다. 앞뒤로 군사들이 지키고 있어서 쥐새끼 한 마리 빠져 나갈 구멍도 없었다.

김춘추는 시간의 여유를 얻어 도망치려고 했던 것인데 오히려 더 엄중하게 감시를 받게 된 것이다.

시간은 자꾸자꾸 흘러가고 별관을 빠져 나갈 방책은 떠오르지 않았다.

그러다가 우연히 고구려 군사들의 이야기를 듣게 되었는데 그것은 보장왕의 신임을 받고 있는 '선도해'라는 대신에 대한 것이었다.

선도해는 재물에 대한 욕심이 너무 많아 재물만 넉넉히 갖다

바치면 벼슬까지도 얻을 수 있다는 것이었다.

그래서 김춘추는 남아 있던 모든 금은 보화와 비단을 선도해에게 바쳤다.

선도해는 김춘추가 선물을 바친 뜻을 알고 김춘추를 찾아와 토끼와 거북의 설화*를 이야기해 주고 떠나 버렸다.

김춘추는 선도해의 이야기를 다시 한 번 곰곰이 생각해 보고는 '우선 거짓말을 해서라도 목숨을 구해 놓고 보라는 이야기구나' 하고 깨달았다.

다음 날은 보장왕과 약속한 날이라 김춘추는 보장왕을 찾아갔다.

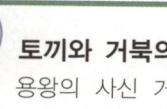

**토끼와 거북의 설화**

용왕의 사신 거북이 토끼를 꾀어 용궁으로 데려왔다. 용왕의 병이 위중하여 토끼의 간이 필요했기 때문이다. 곧 토끼는 용왕의 약으로 자신의 간이 필요하다는 사실을 알게 되었다. 그러나 토끼는 거북에게 집에 간을 놓고 왔다는 말로 기지를 발휘하여 위기에서 벗어난다.

토끼를 등에 업은 자라의 모습을 새긴 동상

"그래 곰곰이 생각해 보았소?"

보장왕은 음흉한 미소까지 지으며 이렇게 물었다.

"예, 대왕마마. 대왕께서 말씀하신 그 땅은 틀림없는 고구려 땅이옵니다. 제가 신라로 돌아가면 그 땅을 고구려에 돌려 주도록 여왕마마를 설득하겠나이다."

보장왕은 약간 의심스럽다는 듯이 김춘추를 바라보았다. 원래 땅을 돌려받으려고 한 것이 아니라, 트집을 잡아 김춘추를 해치려고 내건 조건이었기 때문이다.

이에 대신 선도해가 앞으로 나섰다.

"상감마마, 김춘추를 한번 믿어 보시는 것이 어떨런지요? 어차피 우리 고구려로서는 받아도 그만, 안 받아도 그만인 땅이 아닙니까? 다행히 김춘추가 왕족이며, 또한 재상이니 약속을 지킬지도 모르는 일이옵니다."

"그래, 하하하 좋다. 그럼 김춘추 공은 그대의 임금과 잘 상의한 다음에 또 우리 고구려에 들러 주시오."

이때 연개소문은 마침 변방에 있었다. 돌아와서야 보장왕이 김춘추를 살려서 보냈다는 것을 알았다.

연개소문은 불같이 화를 내며 부하들에게 김춘추를 잡아 오라고 명령했다.

"여봐라! 속히 뒤쫓아 가서 김춘추놈을 잡아 오너라."

김춘추가 막 국경을 넘으려 하는데 연개소문의 명령을 받은 군사들이 쫓아오고 있었다.

"아아, 국경을 눈앞에 두고서 죽는구나!"

김춘추는 탄식했다.

한편, 김유신은 김춘추가 고구려로 떠난 지 60여 일이 지나도 돌아오지 않자, 군사들을 훈련시켜 국경 근처에 배치해 두었다.

어느 날 김유신이 높은 산에 올라 고구려 쪽을 바라보니 한 무리가 쫓겨 오고 있었다.

'혹시 저 사람들이……'

김유신은 급히 군사를 이끌고 마주 달려갔다. 쫓겨 오는 사람은 김춘추 일행이었다.

김유신은 김춘추를 쫓아오는 고구려군을 물리치고 무사히 김춘추를 구하여 신라로 돌아왔다.

"이 목숨을 살려 주어서 정말 고맙소. 유신 장군이 아니었더라면 나는 큰일날 뻔하지 않았소?"

"하늘의 도우심이십니다. 고구려에 갔던 일이 어찌 되었길래 쫓기는 몸이 되었습니까?"

"억지 트집을 잡아서 나를 죽이려고 하였소. 나는 이 일을 결코 잊지 않을 것이오."

김춘추는 입술을 깨물었다.

그날부터 김춘추와 김유신은 국력을 기를 방법부터 차근차근 생각해 보기로 했다. 삼국 통일의 대업이란 서둘러서는 안 될 일이라고 여겼던 것이다.

644년(선덕 여왕 13년), 김유신은 대장군의 바로 아래인 상장군이 되었다.

상장군이 된 김유신은 그 무렵 번번이 국경 지대를 침범하여 신라를 괴롭히고 있던 백제를 공격하여 가혜성, 성열성 등 7개의 성을 점령하는 큰 전과를 올리고 서라벌로 돌아왔다.

거리에는 많은 백성들이 나와, 이기고 돌아오는 신라 군사들을 반갑게 맞아 주었다.

김유신이 대궐로 향하고 있을 때, 대궐에서 선덕 여왕이 보낸 사자가 말을 타고 달려왔다.

"장군님, 지금 백제 군사가 매리포성(지금의 거창)을 공격하여 매우 위급한 상황이니 급히 출전하시라는 분부이십니다."

김유신은 곧 말머리를 돌려 매리포성을 향해 떠났다.

이 싸움에서도 김유신은 적군 2천여 명을 죽이는 큰 승리를 거두었다.

선덕 여왕은 이 소식을 듣고 매우 기뻐했으며, 김유신을 불러 후한 상을 내리고, 그의 공로를 치하했다.

647년(선덕 여왕 16년)의 일이었다.

"여자가 나라를 다스리니 백제가 우리를 얕보고 자꾸 쳐들어오는 거요. 그래서 나라는 남자가 다스려야 하는 겁니다."

"맞습니다. 더구나 지금 여왕의 건강이 좋지 않은데, 여왕이 죽으면 다시 그 여동생이 임금이 되지 않소? 그렇게 되면 우리는 여자 임금만 섬기다 맙니다. 어떻소? 우리가 새 임금을 세우는 것이······."

"좋은 생각이오."

평소에 여왕에게 불만을 품고 있던 상대등 비담과 그를 따르던 염종이 반란을 일으켰다.

"공격하라!"

"덤벼라! 이 역적 무리들아!"

비담과 염종은 명활성에 진을 치고, 김유신이 이끄는 왕성 수비군과 밀고 밀리는 공방전을 벌였다.

"이 김유신이 있는 한, 너희들은 성에 한 발자국도 들여놓지 못할 것이다."

그러던 어느 날 밤, 유난히 빛나던 큰 별 하나가 월성쪽으로 떨어졌다.

"큰 별이 월성쪽으로 떨어졌다!"

이를 본 명활성의 반란군들이 환호성을 지르며 기뻐했다.

"하늘이 우리 편에 선 것이야! 월성 쪽으로 별이 떨어졌다는 것은 곧 여왕이 패할 것이라는 징조다!"

비담이 군사를 모아 놓고 어깨를 으쓱거리며 말했다.

한편, 월성에 있는 수비군 사이에서는 반대 현상이 일어났다.

큰 별이 자기네 쪽으로 떨어졌으니 불길한 징조라고 수군거리게 되었다.

"이건 불길한 징조야! 옛날부터 큰 별이 떨어지면 대장이 죽거나 싸움에 진다고 했어."

"하늘이 우리를 버리시니, 어떻게 우리가 이길 수 있겠어?"

"맞아, 이건 싸우나마나 우리가 질 게 분명해."

공중에서 본 경주의 오능 부근

　사기가 크게 떨어진 왕성 수비군은 하늘을 쳐다보며 한숨을 쉬었다.
　여왕을 비롯한 대신들도 크게 걱정을 하며 어찌할 바를 모르고 있었다.
　김유신은 여왕을 위로했다.
　"여왕마마, 아무 걱정 마십시오. 옳은 것은 반드시 옳지 못한 것을 이기고야 맙니다. 별이 떨어지는 것은 흔히 있는 일이니 신경 쓰지 않으셔도 되는 일입니다."
　여왕을 안심시키고 나온 김유신은 자신의 막사로 들어갔다.

'무슨 좋은 방법이 없을까? 우리 군사들의 사기를 올려 주어야 하는데. 옳지! 그렇게 해 보자.'

김유신은 무슨 좋은 생각이 떠올랐는지 무릎을 탁 쳤다. 그러고 나서 믿을 만한 병사 한 명을 불러 커다란 연과 짚으로 몰래 인형을 하나 만들라고 명령했다.

병사는 의아해하면서도 부리나케 연과 짚으로 인형을 만들어 김유신에게 가져갔다.

"밤이 어두워지거든 이 짚 인형을 연에 매달아서 불을 붙여 하늘로 띄워 올리도록 해라. 단, 아무도 몰래 해야 한다."

"예, 알겠습니다."

병사는 캄캄한 밤이 되자 몰래 산으로 올라가, 김유신이 시킨 대로 짚 인형에 불을 붙여 연을 띄웠다.

불덩어리를 단 연은 바람을 타고 캄캄한 밤하늘 높이 올라가다가 사라져 버렸다.

난데없이 불덩어리가 하늘로 올라가는 것을 본 왕성 수비군은 어젯밤에 떨어졌던 별이 다시 올라가는 것이라며 기뻐했다.

"저기, 저 불 좀 봐!"

"무슨 불이지? 어제 떨어진 별이 다시 하늘로 올라가나 봐."

"그래, 이것은 틀림없이 좋은 징조야!"

"이번 싸움에는 반드시 우리가 이길 거야."

김유신의 지혜로 왕성 수비군은 삽시간에 사기가 올랐다.

한편, 그것을 본 비담의 반란군들은 눈이 휘둥그레져서 불안해했다.

"저게 뭐지?"

"저건 어제 월성에 떨어졌던 별이 다시 하늘로 올라가는 거잖아요."

"그렇다면 이번 싸움에서 우리가 진다는 뜻이 아닐까요?"

반란군들은 점점 두려운 생각을 갖게 되면서 사기도 뚝 떨어졌다. 비담과 염종도 그것을 보고 시무룩해졌다.

곧 전세는 완전히 뒤바뀌고 말았다.

다음 날, 김유신은 왕성 수비군을 거느리고 총공격을 시작했다.

"자, 하늘이 우리를 도우신다. 왕위를 노리는 역적들을 모조리 쓸어 버려라!"

"와아!"

"역적을 쳐부수자!"

화살이 비오듯 쏟아지는 명활성을 향해 왕성 수비군은 맹렬히 진격해 갔다.

　비담의 반란군은 성 한쪽이 무너지자, 얼마 버티지 못하고 모두 도망쳐 버리고 말았다.

　김유신은 그들을 쫓아가 모두 사로잡았다. 그리하여 비담과 염종도 곧 죽음을 당했다.

　선덕 여왕은 눈물을 흘리며 김유신의 공을 치하했다.

　"고맙소. 장군이 아니었더라면 그 역적의 무리에게 끔찍한 일을 당할 뻔했소."

　그러나 그해에 선덕 여왕은 세상을 떠나고, 그 뒤를 이어 그의 사촌 동생 승만 공주가 왕위를 계승했다. 승만 공주가 바로 신라 제 28대 왕인 진덕 여왕이다.

## 선덕 여왕(?~647)

　성은 김씨이고, 이름은 덕만이다. 신라 제 26대 진평왕의 장녀로 어머니는 마야 부인이다. 진평왕이 아들 없이 죽자 화백 회의에서 그를 왕위에 추대하였다.

　선덕 여왕이 즉위할 수 있었던 것은 '성골'이라고 하는 특수한 왕족 의식이 배경이 되었다.

　즉위하던 해인 632년에 대신 을제로 하여금 나라의 정사를 총괄하게 하고, 전국에 관원을 파견하여 백성들을 진휼(흉년을 당하여 가난한 백성을 도와줌)하였으며, 633년에는 주·군의 조세를 일 년간 면제해 주는 등 하나로 이어지는 정책을 시행하여 민심을 수습하였다. 그리고 634년에 분황사를, 635년에는 영묘사를 세웠다.

　한편, 대외적으로는 634년에 인평(仁平)이라는 독자적인 연호를 사용함으로써 왕실의 자주성을 지키려 했다. 다만 즉위 이래 거의 매년 당나라에 대해 조공 사신을 파견함으로써 당나라에 대한 의존도가 높아지기도 하였다.

　이것은 고구려, 백제의 신라에 대한 공격이 빈번해짐에 따라 당나라와 연합함으로써 국가를 보존하기 위한 것이었다. 신라는 642년부터 고구려와 백제의 침공을 본격적으로 받았다.

　그해에 신라는 백제 의자왕의 침공을 받아 서쪽 변경에 있는 40여 성을 빼앗겼으며, 신라의 한강 방면 거점인 당항성(지금의 남양)도 고구려·백제의 침공을 받았다.

　또한 백제 장군 윤충의 침공으로 낙동강 방면의 거점인 대야성(지금의 합천)이 함락당하였다.

이와 같은 국가적 위기에 직면한 선덕 여왕은 김유신을 압량주(지금의 경산) 군주(軍主)에 임명하여 백제의 공격을 방어하는 한편, 643년에는 당나라에 사신을 파견하여 구원을 요청하였다.

이 무렵 당나라로부터 귀국한 자장의 건의에 따라 호국 불교의 상징인 황룡사 9층탑을 세우기도 하였다.

황룡사 9층탑 복원 모형도

신라의 구원 요청에 접한 당나라 태종은 신라 사신에게 여왕이 통치하기 때문에 두 나라의 침범을 받게 되었다는 문제점을 지적하고, 한편 고구려에 대해서는 644년에 사신을 파견하여 외교적 견제를 가하였으나 이는 연개소문에 의해 거부되고 말았다.

그런데 당나라 태종에 의해서 지적되었던 여왕 통치의 문제점은 신라 정계에 파문을 일으켜 647년 정월에는 상대등 비담과 염종 등 진골 귀족들이 여왕이 정치를 잘못한다는 것을 구실로 반란을 일으켰다.

그러나 이는 김춘추와 김유신에 의해 진압되었다. 여왕은 이 내란의 소용돌이 속에서 재위 16년 만에 죽으니 시호를 선덕이라 하고 낭산에 장사지냈다.

# 신라의 두 기둥

　총명하고 덕이 있어 나라를 잘 다스렸던 선덕 여왕이 죽었다는 소식을 듣고, 백제는 다시 신라를 치기로 했다.
　이에 김유신과 김춘추는 그동안 백제와의 지나친 싸움으로 국력이 크게 낭비되었던 터라 서로 의논한 결과, 당나라로 가서 원병을 청해 오기로 했다.
　김춘추는 곧 당나라로 떠나고 나라의 모든 일은 김유신이 혼자 맡아야만 했다.

그 무렵, 두 번이나 김유신에게 패한 백제의 장군 흑치상지는 다시 의자왕을 찾아갔다.

"지금 신라는 김유신과 김춘추가 두 기둥으로 굳건히 받치고 있기 때문에 유지하고 있는 것입니다. 이 두 사람 중 한 사람이 없다면 남은 한 사람은 날개 잃은 독수리나 마찬가지입니다. 지금 김춘추가 당나라로 갔기 때문에 김유신 혼자 신라를 지키고 있다고 합니다. 두 번 다시 이렇게 좋은 기회는 오지 않을 것입니다."

마침 의자왕도 신라를 다시 한 번 칠 계획이었기 때문에 곧 의직을 대장으로 삼고, 흑치상지를 선봉장으로 삼아 군사 3만을 주면서 신라의 대량성을 치게 했다.

또한 당나라로 간 김춘추가 신라로 돌아오는 길목에 군사를 숨겨 두었다.

이렇게 만반의 준비를 갖춘 터라 의직과 흑치상지는 의기양양했다.

김유신은 나라의 일을 김문영에게 부탁하고 전장으로 나아갔다. 군사는 백제군의 반도 안 되는 만 명뿐이었다.

하지만 김유신에게 혼이 난 적이 있는 의직과 흑치상지는 신라군의 군사가 적은 것을 얕보지 않고 신중한 작전을 폈다.

　김유신은 이번에는 어떤 계략도 안 통할 것이라 생각하고 특공대를 조직했다. 그들은 모두 몸이 날쌔고 힘이 셀 뿐만 아니라 머리도 총명했다.

　"우리의 군사가 적의 군사보다 훨씬 적으니 우리는 먼저 백제군의 사기를 꺾어야 한다. 너희들에게 이 신라의 운명이 걸려 있음을 명심하고 기습 작전으로 백제의 장수 여덟 명을 사로잡아 오너라."

　이에 특공대들은 목숨을 걸고 임무를 완수할 것을 맹세하고 싸움 도중에 백제의 진영으로 뛰어들어 백제의 장수 여덟 명을 사로잡았다.

　백제군들 사이에 이런 이야기들이 급속히 퍼지면서 사기는 땅에 떨어지고 모두가 싸울 의욕을 잃었다.

　흑치상지와 의직은 백제군들의 사기를 돋우기 위하여 여러 가지로 애를 썼다. 그러나 백제군의 한 번 떨어진 사기는 오를 줄을 몰랐다.

　한편, 백제의 장수 여덟 명을 사로잡은 김유신은 백제의 진영에 지난번 대야성 싸움에서 죽은 품석 장군 부부의 유골과 백제의 여덟 장수를 교환하자는 편지를 보냈다.

백제의 의자왕은 그 편지를 읽고 분통을 터뜨렸다.

"김유신이 오만 방자하기 짝이 없다! 이것은 나를 놀리는 것이다. 여덟 명의 장수가 없어도 우리는 이길 수가 있다. 당장 총공격이다!"

그러나 싸울 의사가 없는 백제군은 공격하는 척만 하다가 도망치기가 일쑤였다. 그리하여 신라는 별로 힘도 안 들이고 손쉽게 백제의 성 열두 개를 빼앗을 수 있었다.

신라군은 다시 윤충이 지키고 있는 진례성으로 쳐들어갔다.

백제의 장군 윤충은 김유신을 죽이지 못한다면 백제는 반드시 망할 것이라고 생각하여 신라의 진영을 향해 달려왔다.

"신라 장수 김유신은 나오너라! 비겁하게 부하를 보낸다면 두고두고 너를 비웃으리라."

김유신은 그러한 윤충을 가상히 여겨 상대해 주었다.

윤충은 도저히 이길 승산이 없는 싸움임을 알고 있었으나 김유신을 맞아 용감히 싸웠다. 그리고 장렬한 최후를 맞았다.

더욱 사기가 오른 신라군은 계속 진군하여 백제의 성 20여 개를 빼앗았다.

김유신의 명령에 따라 신라 군사들은 될 수 있는 한 적군을 죽이지 않고 포로로 잡았다. 그리하여 그 포로만도 만 명이 넘었다.

신라는 백제와 싸움을 시작한 이래 최대의 승리를 거둔 것이다. 백제의 의자왕은 비로소 김유신이 무섭다는 것을 알고 품석 장군 부부의 유골을 돌려보냈다.

김유신도 약속한 대로 백제의 여덟 명의 장수를 돌려보냈다.

김유신의 부하들은 신이 나서 이대로 백제의 도성까지 쳐들어 가서 백제를 완전히 멸망시키고자 야단들이었다.

"승리는 이것으로 족하다. 더 큰 욕심을 부린다면 반드시 패할 것이다."

김유신은 '쥐도 궁지에 몰리면 고양이를 무는 법'이라는 속담을 잘 알고 있었던 것이다.

진덕 여왕은 왕위에 오른 지 얼마 안 되어 전쟁을 맞게 되자 몹시 걱정했는데 김유신이 큰 승리를 거두고 돌아오자 그에게 상주 도독 겸 진서 대원수의 벼슬을 내렸다.

한편, 김춘추는 무사히 당나라에 도착하여 당나라 황제를 만났다. 김춘추는 당의 태종에게 신라의 사정을 말하고 도움을 요청했다.

 당의 태종이 20만 명의 군사를 내주겠다고 약속하자, 김춘추는 삼국 통일에 대한 새로운 전략을 세우기 위해 귀국을 서둘렀다.

 하지만 돌아오는 길목에는 백제군이 숨어서 지키고 있었다.

 김춘추 일행이 당항나루에 도착했을 때 갑자기 백제의 군사들이 나타났다. 김춘추 일행은 너무 갑작스런 일이라 정신을 차릴 수가 없었다.

 김춘추는 하늘을 바라보며 한탄하듯 말했다.

 "삼국 통일의 대업을 이루려고 하는 마당에 하늘은 나를 버리시나이까?"

 그때 김춘추의 부하 중에 온군해라는 사람이 있었는데 그가 불쑥 김춘추의 앞으로 나섰다.

 "옷을 바꿔 입어야겠습니다. 어서 옷을 벗어 제게 주십시오."

 그러나 김춘추는 이미 죽음을 각오하고 있었다.

 "아니다. 나의 목숨이나 너의 목숨이나 다 같이 하나밖에 없는 목숨이 아니냐? 옷을 바꿔 입는다면 네가 죽게 될 터인데 윗사람이 아랫사람을 보살피지는 못할망정 그럴 수는 없다."

김춘추는 결연한 목소리로 말했다.

"나라의 일을 생각하시옵소서."

온군해는 갑자기 칼을 빼들고 칼등으로 김춘추의 머리를 때려 실신하게 한 다음 옷을 바꿔 입었다.

김춘추는 뱃전 바닥에 쓰러져 있었다.

김춘추의 옷을 입은 온군해는 백제 병사들 앞으로 나섰다.

"네, 이놈들! 너희가 나를 몰라보고 이런 무례를 저지르는구나. 나는 신라의 월성 공자 김춘추다!"

그 말을 듣자 마침 김춘추를 찾아 헤매고 있던 적장들이 우르르 달려들어 온군해의 목을 단칼에 베어 버리고 말았다.

김춘추와 함께 당나라로 갔다가 돌아온 사신들의 절반은 이미 죽었고, 절반은 살아서 부들부들 떨고 있었다.

그때, 백제 군사 한 명이 그의 상관에게 물었다.

"이 사람들은 어찌할까요?"

"그들은 그냥 내버려 두어라. 신라의 김유신 장군도 우리 백제 군사들을 많이 살려 주었잖느냐."

이렇게 하여 백제 군사들은 온군해의 머리만을 가지고 왕에게로 달려갔다. 백제의 의자왕은 처음에는 몹시 기뻐하다가 김춘추의 목이 아닌 것을 알고 크게 화를 내었다.

"하늘은 이리도 무심한가? 나를 돕지 않는구나."

의자왕은 이렇게 탄식하며, 이때부터 술과 여자에 빠지기 시작했다.

온군해 덕분에 무사히 신라로 돌아온 김춘추는 그의 가족을 찾아 위로했다.

후에 진덕 여왕은 온군해에게 '대아찬'이란 높은 벼슬을 내려 그의 넋을 위로했다.

김유신은 당나라의 협력을 얻게 되었다는 김춘추의 말을 듣고 삼국 통일의 실현을 위해 차근차근 준비를 시작했다.

이때 김유신의 나이는 이미 쉰네 살이었다.

649년 8월, 백제는 장군 은상에게 수만 명의 병력을 주어 다시 신라를 치게 했다.

은상은 용맹스러우며 지혜로운 장군이어서, 김유신은 그를 대적하기가 어렵다는 것을 알았다.

싸움을 시작한 지 10여 일이 지나도록 승패는 가려지지 않고 양쪽에서는 사상자만 늘어 갔다. 그래서 양쪽은 일단 싸움을 중지하고 서로의 형편을 살피게 되었다.

어느 날, 김유신은 어떻게 하면 이 싸움을 빨리 끝낼까를 곰곰이 생각하다가 무릎을 탁 쳤다.

그리고 부장들을 모이게 한 후 자신의 생각을 말했다.

"백제의 장군 은상은 치밀한 사람이오. 그는 반드시 우리 진영에 첩자를 보내어 우리 편의 형편을 알아보려고 할 것이오. 만약 수상한 자가 나타나면 그를 붙잡지 말고 내버려 두오."

과연 그날 밤, 수상한 병사 두 명이 신라군의 복장을 하고 신라군의 진지로 슬쩍 끼어들었다.

신라 군사들은 모두 모른 체하고 그들을 내버려 두었다.

김유신은 부장들과 막사 밖으로 나와 큰 소리로 외쳤다.

"내일은 우리를 도우러 구원병 5만 명이 올 것이다! 그러니 마음 놓고 싸우도록 하라!"

백제의 첩자는 깜짝 놀라 얼른 백제 진영으로 돌아가 이 사실을 장군 은상에게 알렸다.

"뭐라고? 내일 구원병 5만이 온다구?"

은상은 가슴이 덜컥 내려앉았다. 지금의 싸움을 계속하기에도 힘에 겨운데 5만 명의 구원병까지 맞아 싸운다면 과연 버티어 낼 수 있을까?

은상은 백제군의 용기를 북돋워 주는 방법밖에 없다고 생각하고 군사들을 모았다.

"우리는 내일 나라와 백성을 위해 죽기를 각오하고 싸워야 할 것이다. 내일은 신라군에 구원병이 온다고 하니 각오를 단단히 하라!"

그러나 장군 은상의 말은 백제군의 용기를 북돋워 주기는커녕 오히려 겁을 먹게 만들었다.

다음 날 싸움에서 백제군은 크게 패하고 말았다.

백제의 좌평 정복은 싸울 생각도 않고, 스스로 김유신 앞에 나아가 항복했다.

이 소식을 들은 백제의 의자왕은 더욱더 방탕한 생활에 빠져들었다.

654년, 김유신의 나이 이제 예순 살이 되었다. 지난 세월을 돌이켜보니 어느 하루도 전쟁을 하지 않은 날이 없었다.

그해 3월, 꽃이 피어 아름다운 봄날, 진덕 여왕이 왕위에 오른 지 8년 만에 세상을 떠나고 말았다.

그러나 진덕 여왕에게는 대를 이을 자식이 없었다.

대신들은 진골인 알천을 왕으로 추대했으나 알천은 왕위를 극구 사양하며 김춘추를 왕으로 추대해야 한다고 주장했다.
 김춘추도 왕위를 받을 수 없다 사양했으나, 알천은 나라의 형편을 들어 끝까지 김춘추가 왕이 되어야 한다고 주장했다.
 이에 김춘추가 왕이 되니, 그가 바로 신라의 제 29대 왕인 태종 무열왕이다.
 김춘추는 왕위에 오르자마자 그의 오랜 꿈인 삼국 통일을 완수하기 위해 백제 정벌을 준비했다.
 신라군은 날로 강성해지고 있었다.
 한편, 백제의 의자왕은 몇 번의 패배로 인해 정치에는 완전히 뜻을 잃고 술과 여자에 빠져 버렸다.
 자연히 주변에는 간신들이 설쳐 댔고, 나라의 형편은 나날이 어지러워졌다. 어느 날, 백제의 충신인 성충이 간곡하게 탄원을 했다.
 "상감마마, 지금 이 나라의 궁성에서는 하루도 노랫소리와 여자들의 웃음소리가 끊기는 적이 없습니다. 백성들은 오랜 전쟁에 시달려 헐벗고 굶주리는지라 그 원성이 하늘을 찌를 듯 하옵니다."
 "뭣이! 으, 그래 나더러 어쩌란 말이오?"

"나라를 돌보셔야 하옵니다. 지금 신라에서는 김춘추가 왕이 되어 우리 백제를 칠 만반의 준비를 한다고 하옵니다. 우리는 마땅히 이에 대비해야 할 것이옵니다."

"이, 이런 건방진……. 시끄럽다!"

"상감마마, 백제의 앞날을 생각해 주소서."

성충은 눈물을 흘리며 간했지만 의자왕은 그 말을 듣지 않고 호히려 성충을 감옥에 가두고 말았다.

그러나 간신들은 나라의 운명이야 어찌 되거나 말거나 충신이 없어진 것을 오히려 좋아했다. 그들은 성충과 뜻을 같이하는 흥수까지 귀양을 보내야 한다고 떠들어 댔다.

이리하여 충신 흥수도 먼 섬으로 귀양을 가고, 장군 흑치상지와 계백까지 변경으로 쫓겨났다.

백제의 이런 실정은 곧 신라 조정에 알려졌다. 그리고 태종무열왕은 둘째 아들 김인문을 당나라에 보내어 원병을 요청하도록 했다.

한편, 백제의 성충은 감옥에 갇혀 있긴 했지만 이런 사정을 다 짐작하고 있었다. 그는 백제가 망하는 것이 눈에 보이는 듯하여 몹시 울적했으며 몸까지 병들어 죽을 날만 기다리고 있는 처지였다.

  그러나 나라를 위한 그의 마음만은 변함이 없었다. 그는 마지막으로 의자왕에게 편지를 썼다.

  신라와 당은 연합군을 이루어 반드시 우리 백제를 침공할 것입니다. 대왕이시여, 육로로 오는 적은 탄현(숯재)을 넘지 못하게 막아야 하고, 수로로 오는 적은 기벌포 안으로 못 오게 막아야 합니다. 이 두 군데에 군사를 모아 막아 내기만 한다면 나·당 연합군은 우리 영토를 밟지 못할 것입니다.

  그러나 간신들에게 둘러싸여 있는 의자왕은 이 편지를 다 읽지도 않았다.
  "하하하, 이게 무슨 소리냐? 나·당 연합군이라니!"
  "그러게나 말이옵니다. 성충이란 자가 감옥에 갇혀 있더니 머리가 어떻게 된 모양입니다."
  "맞습니다. 지금 당나라는 오랑캐가 쳐들어와 나라 사정이 엉망이라는데 신라를 도와줄 리가 있습니까? 헤헤헤."
  젊었을 때는 총명하고 용감 무쌍하여 신라의 대야성 등 40여

성을 빼앗기도 했던 의자왕이었지만, 술과 여자에 빠져서 판단이 흐려져 있었다.

마침내 660년(태종 무열왕 7년), 당나라의 고종 황제는 소정방을 대총관(총사령관)으로 삼고, 그때 당나라에 가 있던 김인문을 부대총관으로 삼아 13만의 대군을 신라로 보냈다.

당나라군은 황해 바다를 건너 백제의 서쪽 바다에 있는 덕물도(지금의 덕적도)에 이르러 진을 쳤다.

태종 무열왕은 태자 법민을 보내어 소정방을 맞이하게 했다.

한편, 신라에서는 김유신을 대장군으로 삼아 당시 신라의 이름 있는 장군들과 군사 5만을 이끌고 백제의 동쪽 국경을 쳐들어갔다.

신라와 당나라 군사가 연합하여 쳐들어온다는 소식은 곧 백제 의자왕에게 전해졌다. 그동안 계속 방탕한 생활로 세월을 보내던 의자왕은 깜짝 놀랐다.

의자왕은 곧 모든 조정 대신들을 대궐에 모아 놓고 급히 대책을 논의했다.

그러나 여러 대신들은 신라군을 먼저 쳐야 한다느니, 당나라군을 먼저 쳐야 한다느니 엇갈린 의견만 내세웠을 뿐 결정을 내리지 못하고 있었다. 그러는 사이 당나라군은 이미 백강에 들어오고, 신라군은 탄현을 넘어섰다는 급보가 날아들었다.

이에 당황한 의자왕은 변경으로 쫓았던 계백 장군을 급히 불러 신라군을 막으라는 명령을 내렸다. 계백 장군은 죽음을 각오한 5천 결사대를 이끌고 나갔다.

계백* 장군은 백제에서 가장 뛰어난 장군이었다. 그러나 군사 5천으로 신라와 당나라의 18만 대군을 막을 수는 없는 노릇이었다.

그는 살아서 백제로 돌아갈 수 없음을 알았으며, 백제가 마침내 멸망하리라는 것도 알았다.

**학습도움말**

**계백**

백제의 명장이자 충성스런 신하. 5천여의 군사를 이끌고 5만의 대군을 이끈 신라군에 맞서 용감히 싸우다 장렬히 전사했다. 훗날 백제군의 용기와 기백을 상징하는 인물로 영원히 기억되고 있다.

황산벌 싸움에서 용감하게 싸우다 전사한 계백 장군

그는 전쟁터로 나가기 전에 먼저 아내와 자식들을 그의 손으로 직접 죽였다. 백제가 망하면 신라 사람들의 노예가 될 것이 뻔했으므로 비통한 마음으로 가족들을 칼로 내려친 것이다.

백제의 5천 군사도 비장한 각오로 똘똘 뭉쳤다. 모두 죽음을 각오했으므로 더 이상 두려울 것이 없었다.

계백 장군은 황산벌로 나아갔다. 황산벌에는 벌써 신라의 깃발들이 색색으로 펄럭이고 있었다.

계백 장군은 황산벌에서도 가장 험한 곳에 진을 쳤다.

신라에서는 김유신의 동생인 김흠순 장군이 제일 먼저 나왔다.

"적장 계백은 무릎을 꿇고 항복하라! 그러면 목숨만은 살려 줄 것이다."

계백 장군은 단숨에 김흠순의 군사들을 무찔렀다. 그가 한 번 칼을 휘두를 때마다 신라 군사들은 썩은 나무토막처럼 픽픽 쓰러졌다.

백제 군사들이 모두 죽음을 각오하고 싸우는데 반해, 신라 군사들은 5만 대군이라는 숫자만 믿고 의기양양하여 방심한 탓이었다.

김흠순은 진으로 돌아와 김유신에게 무릎을 꿇었다.

"형님, 백제의 계백은 보통 장수가 아닙니다."

"계백이 훌륭하기도 하지만 그의 군사들도 똘똘 뭉쳐 있다. 적병이 5천이라 하나 경우에 따라서는 우리 5만보다 더 강할 수 있는 것이다. 누가 용감하게 나서서 저 계백의 목숨을 가져오지 않겠는가?"

이때, 김흠순의 아들 반굴이 앞으로 나섰다.

"제가 나가서 적장의 목을 베겠습니다."

반굴은 겨우 열일곱 살 난 소년이었다.

"좋다! 용감히 싸워 충성과 효도를 다하라."

김유신의 이 말이 떨어지기가 무섭게 반굴은 말을 타고 백제의 진으로 나아갔다.

반굴이 나이 어린 소년인 것을 알고 백제군이 몇 명 나왔다.

"신라에는 그렇게 장수가 없단 말이냐? 소년까지 전쟁터에 내보내다니……."

백제의 부장 하나가 이렇게 소리치며 반굴에게 달려들었다.

그러나 반굴은 화랑이었다. 비록 나이가 어리다고는 하나 용감무쌍했다. 주위로 달려드는 적병을 단칼에 해치웠다.

반굴은 백제군이 맥없이 쓰러지자 더욱 용기백배하여 적진

깊숙이 들어갔다. 용감무쌍하긴 했으나 어린 나이를 속일 수가 없는지라 그만 실수를 한 것이다.

적진 깊숙이 들어간 반굴은 백제군에게 포위되어 목숨을 잃고 말았다.

이에 품일 장군의 아들 관창이 앞으로 나섰다.

"이 몸이 비록 어린 소년이나 반드시 적장을 무찌르겠습니다."

관창은 말을 타고 바람같이 적진으로 달려갔다.

백제군들은 관창의 기세에 눌려 칼 한 번 제대로 써 보지 못하고 말에서 떨어졌다.

이에 계백 장군이 나아가 관창을 사로잡았다. 사로잡고 보니 너무 어린 소년이라 차마 죽일 수가 없어 살려서 보냈다.

그러나 관창은 신라의 진지로 돌아온 후 다시 말을 갈아 타고 백제의 진으로 달려갔다.

싸움에 임하여 물러서지 않는 것이 화랑의 정신이었기 때문이다. 적장에게 붙들렸다가 살아 돌아온 관창은 이를 부끄럽게 여겨 목숨을 내놓고 다시 달려나갔던 것이다. 계백 장군은 전장에서 다시 만난 관창에게 다가가 할 수 없이 그의 목을 내려쳤다.

김유신은 그때서야 말 위에 높이 올라 신라 군사들을 향해 소

진골 출신으로, 왕위에 올랐던 태종 무열왕의 영정(왼쪽)과 그의 왕릉에 있는, 이수와 귀부

리쳤다.

"어린 소년 반굴과 관창이 적진으로 나아가서 용감히 싸우다가 목숨을 잃었다. 우리는 이 죽음을 보고만 있어야 되겠는가?"

그러자 신라 군사들이 함성을 지르며 힘차게 일어섰다.

"어린 소년도 용감히 싸우는데 우리가 가만히 앉아 있을 수 있겠느냐?"

"싸우자! 백제군을 쳐부수자!"

태종 무열왕도 앞장을 섰다. 신라 군사들은 성난 파도와 같이 백제 군사들을 향해 달려갔다.

양쪽 군사들은 한 발짝도 물러서지 않고 죽을 힘을 다해 싸웠다.

마침내 백제군은 신라군을 당해 내지 못하고 계백 장군을 비롯해 모든 병사들이 전사하고 말았다.

김유신은 신라군을 이끌고 사비성을 향했다. 사비성에 도착한 신라군은 미리 와 있던 당나라군과 합세하여 사비성으로 쳐들어갔다.

백제의 장군 의직은 사태가 이렇게 돌변하자 왕과 왕족을 구해야겠다고 생각하고 의자왕을 기병으로 변장시켜 전쟁터를 빠져 나가게 했다. 그는 웅진성에 왕을 모셔놓고 성문을 굳게 닫았다.

사비성을 점령한 신라와 당나라 연합군(나·당 연합군)은 백제 왕이 웅진성으로 빠져 나간 것을 알고 웅진성으로 쳐들어갔다.

이에 백제의 의자왕은 더 이상 버틸 수가 없어서 항복을 하고 말았다.

660년(의자왕 20년), 마침내 백제는 나라를 세운 지 678년 만에 멸망하고 말았다.

신라는 삼국 통일의 큰 걸음을 내디딘 것이다.

## 신라의 신분 제도

신라의 신분 제도는 골품 제도로 신라가 연맹 단계를 지나 중앙 집권 국가로 발전하는 과정에서 만들어졌다. 신라에서는 지방에 있던 족장 세력을 경주로 불러들였는데, 그 이유는 족장 세력을 통합하고 편제하기 위해서였다. 이때 지방 세력의 크기를 고려하여 6두품, 5두품, 4두품의 신분을 주었고 원래 경주에 살았던 왕족은 성골과 진골이었다. 이러한 골품제는 법흥왕 때에 이르러 신라의 신분 제도로 정비되었다.

골품제는 왕족이었던 '골' 신분과 지방 족장 세력 출신의 '두품' 신분으로 이루어졌다. 골과 두품을 합한 신분 제도이기 때문에 골품제라 부른다. 그리고 이 골품제는 경주에 살고 있는 사람들만을 대상으로 한 신분제였고, 지방에 사는 사람은 골품제의 테두리에 들지 못했다.

골품은 개인의 신분뿐만 아니라 친족의 등급을 표시했으며, 태어나면서부터 결정되는 지위였기 때문에 선택할 수도, 바꿀 수도 없었다. 골품제는 폐쇄적인 신분제였던 것이다.

골품에 따라서 국왕의 자리에 오를 수 있는 신분도 제한되었다. 통일 이전까지는 성골 출신이 국왕 자리에 올랐지만 진덕 여왕을 끝으로 진골에게로 넘어갔다. 왕족 가운데 성골이 아닌 김씨와 왕비족인 박씨, 가야 왕족, 고구려 왕족 출신이 주로 진골 귀족이 되었다.

개인의 골품은 정치적인 활동 범위부터 일상 생활에까지 두루 영향을 미쳤으며, 골품에 따라서 승진할 수 있는 관등에 한계가 있었다. 진골 귀족은 가장 높은 관등인 1위 이벌찬까지 승진할 수 있었고, 6두품은 6위 아찬까지, 5두품

은 10위 대나마까지, 4두품은 12위 대사까지 승진하면 더 이상은 오를 수 없었다.

그러다 보니 관부의 우두머리인 장관과 군부대의 최고 지휘관인 장군에는 진골 출신 인물만 임명되었고, 장관급 아래의 차관 자리에는 6두품도 임명될 수 있었지만 차관은 6두품이 차지할 수 있는 가장 높은 관직이었다. 따라서 두품 신분으로 태어나면 아무리 뛰어난 실력과 능력을 갖추어도 출세하는 데 제약이 따랐던 것이다.

신라에서는 골품제를 유지하기 위해 원칙적으로 같은 신분끼리만 결혼하도록 했다. 또한 골품에 따라 살 수 있는 가옥의 규모도 달랐으며, 그 밖에 평소 사용하는 그릇이나 교통수단의 크기에도 제한을 두었다. 돈이 아무리 많아도 낮은 신분의 사람은 큰 집이나 교통수단을 이용할 수 없었다. 이 가운데 최고의 특권을 누린 것은 진골 귀족이었으므로 신라는 진골 귀족이 주도권을 쥐고 있던 사회라 할 수 있다.

따라서 6두품 이하의 귀족들의 불만이 쌓여갔으며, 관직 진출을 포기한 채 선종 승려나 사상가로 변신한 사람들이 늘어나면서 골품제는 신라 사회를 통제하는 실질적 기능을 상실했다. 그리고 고려의 성립으로 골품제는 해체되었다.

| 등급 | 관계명 | 진골 | 골품 6두품 | 5두품 | 4두품 |
|---|---|---|---|---|---|
| 1 | 이벌찬 | ■ | | | |
| 2 | 이찬 | ■ | | | |
| 3 | 잡찬 | ■ | | | |
| 4 | 파진찬 | ■ | | | |
| 5 | 대아찬 | ■ | | | |
| 6 | 아찬 | ■ | ■ | | |
| 7 | 일길찬 | ■ | ■ | | |
| 8 | 사찬 | ■ | ■ | | |
| 9 | 급벌찬 | ■ | ■ | | |
| 10 | 대나마 | ■ | ■ | ■ | |
| 11 | 나마 | ■ | ■ | ■ | |
| 12 | 대사 | ■ | ■ | ■ | ■ |
| 13 | 사지 | ■ | ■ | ■ | ■ |
| 14 | 길사 | ■ | ■ | ■ | ■ |
| 15 | 대오 | ■ | ■ | ■ | ■ |
| 16 | 소오 | ■ | ■ | ■ | ■ |
| 17 | 조위 | ■ | ■ | ■ | ■ |

신라의 관계와 골품

# 삼국의 통일

당나라의 장수 소정방은 백제를 멸망시킨 후에도 돌아가지 않고 계속 머물면서 신라에 대해 이것저것 간섭을 했다.

그는 당나라 황제로부터 백제를 치고 나서 신라까지 점령하라는 밀명을 받고 있었던 것이다.

김유신은 곧 이러한 당나라의 야심을 알아채고, 그 대책에 골몰하게 되었다.

그때 백제의 왕족 복신과 중 도침은 주류성에 자리를 잡고 일본에 가 있던 왕자 풍을 임금의 자리에 앉혔다.

그들은 백제를 다시 일으키기 위해 당나라군을 공격했다.

김유신 장군은 신라군에게 백제군의 옷을 입혀 함께 당나라 군사를 치게 했다.

당나라의 소정방은 여러 곳에서 백제 부흥군의 공격을 받아 시달리고, 또한 백제 부흥군의 수가 갑자기 늘어나 당나라군이 더 이상 진격할 수 없게 되자, 당나라 군사 일부만을 남겨 놓고 의자왕 등 포로를 이끌고 당나라로 돌아가고 말았다.

한편, 백제 정복을 끝마친 태종 무열왕은 전쟁에서 다친 상처를 회복하지 못하고 이듬해인 661년, 세상을 떠났다. 그의 나이는 불과 쉰아홉 살이었다.

"삼국 통일의 날이 눈앞에 다다랐는데 어찌하여 벌써 돌아가시옵니까?"

김유신은 가슴이 찢어지는 듯 아팠다.

태종 무열왕 김춘추는 신라 역사상 가장 위대한 업적을 남긴 임금이었다.

무열왕에 이어 세자 법민이 왕위에 오르니, 그가 바로 제 30대 문무왕이다.

그 무렵 고구려는 국내의 사정이 점점 나빠지고 있었다. 장군 연개소문*은 나날이 자신의 권력을 확장해 갔으며 임금도 마음대로 갈아치웠다.

고구려에서는 그의 말이 곧 법이었다. 그러나 그는 나라를 지키는 장군으로서는 위대했다.

당나라 군사가 육로와 수로로 35만 대군을 이끌고 쳐들어왔을 때 그는 가볍게 이를 물리쳤던 것이다.

이때 신라도 당을 도와 고구려를 쳤으나 실패하고 말았던 적이 있었다.

김유신은 연개소문이 있는 한은 함부로 고구려를 칠 수 없다

**학습 도움말**

**연개소문(?~666)**
고구려 말기의 재상이자 장군이다. 642년에 당나라의 침입에 대비하여 북방에 천리장성을 쌓았으며, 영류왕을 죽이고 보장왕을 추대한 뒤 스스로 대막리지가 되어 정권을 잡았다. 645년에는 안시성에서 당나라 대군을 맞아 물리쳤다.

연개소문이 당나라 대군을 무찌르고 있다.

고 생각했다. 그러나 연개소문은 666년(보장왕 25년), 그만 세상을 떠나고 말았다.

고구려에 어두운 그림자가 덮이는 순간이었다.

연개소문이 죽었다는 소식은 곧 당나라와 신라로 전해졌다. 당나라와 신라는 고구려를 칠 준비에 박차를 가했다.

연개소문에게는 아들 3형제가 있었는데 그들은 남생, 남건, 남산이었다.

이들 3형제는 사이가 무척 좋았으며, 또한 모두 용맹한 장수들이었다.

그들은 아버지의 뜻을 이어받아 고구려를 더욱 굳건한 나라로 만들겠다고 다짐했다. 맏이 남생이 막리지가 되고 동생들은 형을 도왔다.

그러나 연개소문의 동생 연정토는 조카가 막리지가 된 것을 몹시 시기했다.

'두고 보자!'

남생은 아직 나이가 어린지라 막리지의 자리는 당연히 자기가 차지할 것이라고 생각했는데 형 연개소문이 죽으면서 남생을 후계자로 지목했던 것이다.

그래서 연정토는 은밀히 세력을 모아 고구려를 손아귀에 넣을 궁리를 하고 있었다.

이때 마침 남생이 변방의 경비를 살피기 위해 도성을 비우게 되었다.

연정토는 기회는 바로 이때다 하고 남건과 남산을 찾아갔다.

"내가 이 말을 조카인 너희들에게 해야 할지 말아야 할지 모르겠구나."

"무슨 말씀입니까? 작은 아버님!"

남건과 남산은 연정토의 표정이 심상치 않은 것을 알고 다그쳐 물었다.

"너희 형 남생이 권력을 독차지하기 위해 너희들을 죽일 계획을 세웠다고 하더구나."

"그럴 리가 있겠습니까?"

남건과 남산은 형을 굳게 믿고 있었으므로 쉽게 넘어가지는 않았으나 마음속으로는 약간 불안했다.

또한 연정토는 남생에게도 남건과 남산이 남생을 처치할 계획을 세웠다고 편지를 보냈다.

결국 삼형제는 서로를 의심하게 되었다.

남생은 군대를 이끌고 도성인 평양성으로 되돌아왔다.

그 당시 보장왕은 남생이 자기를 해칠까 두려워 남건을 막리지로 임명하고 성을 지키게 했다.

"남건아, 네가 나를 해치려는 흉계를 꾸몄다니 믿을 수가 없다. 성문을 열고 나와 얘기 좀 하자."

"혀, 형님!"

남건이 성문을 열고 형을 맞으려 했으나 연정토가 다시 남건의 귀에다 속삭였다.

"속지 마라. 네가 성문을 나서기만 하면 너는 남생의 칼에 목숨을 잃을 것이다."

동생 남건은 형의 용맹함을 아는지라 다시 성문을 굳게 닫았다.

남생은 분함을 참지 못하고 성을 공격했으나 힘이 부족하여 실패하자, 당나라로 망명하고 말았다.

남건과 남산 형제는 그제야 연정토의 흉계를 알아채고 연정토를 잡으려고 했으나 연정토는 목숨을 건지기 위해 남쪽의 12성을 신라에 바치고 항복해 버렸다.

당나라와 신라는 가만히 앉아서 반 승리를 거둔 것이나 다름없다고 생각하고 몹시 기뻐했다.

드디어 666년 12월, 당나라는 이세적을 총사령관으로 삼아 고구려에 대대적인 공격을 시작했다. 고구려의 성들은 엄청난 당의 대군을 맞아 차례로 함락되었다.

한편 신라에서도 문무왕이 고구려에 총공격을 명령했다.

김유신이 병으로 출전을 할 수 없었기 때문에 신라에서는 문무왕을 비롯해 김유신의 아우 김흠순, 김문영 등의 장수가 출전했다.

김유신은 김흠순을 불러 고구려군을 쳐부술 수 있는 계책 몇 가지를 알려 주었다.

김흠순은 김유신의 말을 가슴에 새기고 전쟁터로 나아갔다.

압록강을 넘어온 당나라 군사와 합류한 신라군이 평양성을 포위하고 한 달 가량이나 공격하자, 더 이상 버티지 못하고 보장왕은 백기를 들고 항복하고 말았다.

668년 9월의 일이었다. 이로써 고구려는 나라를 세운 지 705년 만에 멸망하고 만 것이다.

비로소 삼국이 통일되었다. 그러나 신라는 새로운 적인 당나라와 싸우게 되었다.

삼국이 통일되자 당나라는 다시 한 번 그들의 검은 야심을 드러냈다.

　당은 백제의 잔당을 완전히 소탕한다는 이유로 백제의 옛 땅 웅진에 도독부를 두었던 것처럼 같은 이유로 평양에 안동 도호부를 설치했으며, 심지어 신라 본토에 계림 도독부를 두어 한반도 전체에 대한 지배권을 확보하려 했던 것이다.

　이에, 신라는 잘못하면 애써 이룩한 삼국 통일이 무위로 끝날 것을 염려하여 이때부터는 백제, 고구려의 유민들과 연합하여 당나라군과 싸우게 되었다.

　김유신은 여러 가지 작전을 써서 당나라군을 괴롭혔다.

　이에 화가 난 당나라군은 말갈군을 몰고 들어와 석문 들판에 진을 쳤다.

　김유신은 둘째 아들 원술을 불렀다.

　"싸움에 임하여 물러서지 마라, 이 말을 명심하면 된다."

　그것은 죽을 것을 각오하고 싸우라는 말이었다.

　당나라군의 기세가 등등하여 그만한 각오 없이는 물리치기가 어렵다고 생각했던 것이다.

　신라군은 당나라군을 맞아 용감히 싸웠으나, 병력의 부족으로 크게 밀리고 있었다.

김유신, 태종 무열왕, 문무왕의 영정을 모신, 삼국 통일의 위업을 기리기 위한 통일전

　원술은 비장한 각오를 하고 칼을 높이 들어 당나라군 진영으로 말을 달렸다. 이에 담릉이라는 부하가 급히 뒤쫓아와 아뢰었다.
　"화랑님, 지금 적진으로 뛰어들어 보았자 생목숨만 잃을 뿐입니다. 잠시 피하시어 훗날을 도모하십시오."
　원술은 그 말이 옳다고 여기고 말머리를 돌려 후퇴했다.
　이 소식을 들은 김유신은 불같이 화를 내며 원술을 꾸짖었다.
　"너는 신라의 군사가 아니다. 나는 너 같은 비겁한 녀석을 자식으로 둔 일이 없다!"

원술은 무릎을 꿇고 용서를 빌었으나, 김유신은 결코 용서하지 않았다.

　김유신은 둘째 아들 원술을 특히 사랑했으므로 더욱 용서할 수 없었던 것이다.

　평생 전쟁터에서 살다시피한 김유신은 비겁한 병사는 용서한 적이 없었다. 아들이라고 용서한다면 신라군의 기강이 무너질까 염려되었던 것이다.

"아, 아버님 죄송합니다."

원술은 칼을 뽑아 자결하려 했으나 담릉이 말렸다.

"지금 돌아가신다면 영영 비겁자가 될 것입니다. 당군을 물리치는 날까지 참으십시오."

그 말을 듣고 원술은 칼을 거두었다.

　그는 아버지의 용서를 받지는 못했으나, 다음의 매소천성 싸움에서 당나라군을 크게 무찌르고 문무왕에 의해 상장군에 임명되었다.

　그러나 원술은 이를 사양하고 깊은 산속으로 들어가 조용히 일생을 보냈다.

　673년(문무왕 13년) 봄, 신라의 백성들은 평온한 나날을 보내고 있었다.

그러던 어느 날, 서라벌의 하늘에 이상한 별이 하나 나타났다.

"꼬리가 달린 별이야."

"꼬리 달린 별이 나타날 땐 불길한 일이 생긴다고 하던데."

서라벌 사람들은 모두 이런 말을 주고받으며 불안에 떨었다.

그것을 증명이라도 하는 듯이 며칠 후에는 지진이 일어났다. 민심은 걷잡을 수 없이 동요하기 시작했다.

그때 김유신은 병석에 누워 있었다. 그의 나이 일흔아홉 살, 팔십을 바라보는 나이였다.

문무왕이 김유신의 병문안을 왔다가 이상한 별 이야기와 지진 이야기를 하면서 나랏일을 걱정했다.

김유신은 병중임에도 불구하고 왕 앞에 단정히 무릎꿇고 앉아 아뢰었다.

"조금도 걱정할 일이 아니라는 칙서를 내려 백성들의 마음을 바로잡아 주소서. 아마 이 늙은 신에게 무슨 변고가 있을 듯싶습니다."

"그대에게 무슨 변고가 생긴다면?"

"신은 너무 오래 살았습니다. 살아서 삼국 통일의 날을 맞았으니 더 이상 여한도 없습니다."

"아니, 그게 무슨 말이오? 아직 이 나라에는 공과 같은 인물이 필요하오. 부디 목숨을 보전하시어 계속 나라를 보살펴 주셔야 하오."

문무왕은 김유신의 손을 꼭 잡고 간곡히 당부했다.

그리고 모든 사찰에 영을 내려 김유신을 위한 특별 불공을 드리도록 했다.

각 사찰에는 김유신의 병이 빨리 낫기를 비는 백성들의 발걸음이 끊이지 않았다.

김유신은 그만큼 백성들의 사랑을 받고 있었던 것이다.

6월이 되자 서라벌에는 이상한 소문이 퍼졌다.

군복을 입은 병사 수십 명이 칼과 창을 들고 김유신의 집에서 나왔는데 엉엉 통곡을 하면서 한동안 대문 앞을 떠나지 않다가 날이 새자 어디론가 홀연히 사라졌다는 소문이었다.

그 소문을 들은 김유신은 이렇게 말했다.

"이는 나를 지키던 수호신들로서 내 목숨이 다 된 것을 알고 떠난 것이다. 장례 준비를 하여라."

임금이 이 말을 전해 듣고 울면서 서둘러 김유신의 집을 찾아

왔다.

"경이 죽으면 짐과 백성들은 이제 누구를 의지해야 할꼬?"

"소인을 멀리 하시고 어진 사람을 친근히 하시어 조정에는 서로 화합의 마음이 넘치게 하여 주소서. 제가 천거하고자 하는 사람이 하나 있는데 그는 김흠순입니다. 김흠순은 어짊이 깊고 두터우니 족히 나라의 정사를 맡길 만합니다."

이에 문무왕은 자신의 생각도 그와 같아서 고개를 끄덕였다.

그로부터 며칠 후, 김유신은 일흔아홉 살의 나이로 조용히 눈을 감았다.

신라의 최고 벼슬은 왕 다음 대각간이었는데, 김유신은 대각간도 오히려 부족하다 하여 태대각간이라는 벼슬 자리에 있었다.

신라 천 년의 역사 가운데 태대각간의 벼슬을 받은 사람은 김유신 한 사람뿐이었다.

왕은 그의 부음을 듣고 조 2천 석과 베를 보내고, 금산 언덕에 장사를 지내게 했다.

또한 유사 설인선에게 명하여 비석을 세우고 공적을 기록하게 했다.

후에 흥덕왕은 순충장렬 흥무 대왕으로 추서(죽은 후에 벼슬을 내리는 것)했다.

　신라의 삼국 통일은 그 과정에서 외세의 협조를 얻었다는 점과 대동강 이남의 통일에 그쳤다는 점에서 한계성을 가지고 있으나, 우리나라 역사상 처음으로 통일 국가를 이루었다는 점과 민족 문화 발전에 크게 공헌했다는 데 그 의미가 있다.

　그러므로 삼국 통일의 위업을 이룬 김유신은 김춘추와 함께 우리 역사의 위대한 인물로 후세 사람들의 마음속에 살아 있는 것이다.

## 김유신의 생애
### 595~673

김유신 장군은 595년 가야 왕족의 후손으로 태어나 열다섯 살 때 화랑이 되었다.
어려서부터 생명을 가진 동·식물을 사랑하였고, 전쟁으로 인한 백성들의 어려움을 걱정하여 삼국 통일의 꿈을 키웠다.
629년 고구려 낭비성 공격 때 공을 세운 이후 신라의 장수로서 백제와 고구려를 차례로 멸망시키고 삼국 통일의 대업을 이루었다.

金庾信

### 595년
신라의 변방인 만노군(지금의 충북 진천) 태수인 아버지 김서현과 어머니 만명 부인 사이에서 태어났다.

### 609년
열다섯 살에 화랑이 되어 많은 낭도를 거느리고 몸과 마음을 단련했으며, 특히 그가 이끄는 낭도를 용화 향도라 했다.

### 629년
김용춘을 대장군으로 한, 고구려의 낭비성 싸움에서 아버지 김서현을 따라 출전했다. 그러나 고구려의 기습 공격을 받아 신라군이 후퇴하자, 단신으로 적진에 뛰어들어 적장의 목을 베었다.

### 644년
장군이 되어 백제를 공격, 가혜성 등 7개의 성을 점령하는 큰 전과를 올리고 서라벌로 개선했다. 그러나 말에서 내리기도 전에 매리포성이 백제군의 공격을 받고 있다는 급보를 듣고, 백제군을 치러 나가 적군 2천여 명을 물리치는 큰 승리를 거두었다.

### 647년
상대등 비담과 그를 따르던 염종이 군사들을 모아 반란을 일으키자, 지혜로써 이를 진압했으며, 또한 무산 등 세 성에 쳐들어온 백제군을 격퇴했다.

### 648년
백제의 대장 의직과 흑치상지가 신라의 대량성을 공격해 오자 특공대를 조직하여 백제의 장수 여덟 명을 사로잡았으며, 악성 등 12개의 성을 빼앗았다. 또한 백제의 윤충이 지키는 진례성을 공격하여 20여 성을 빼앗고, 그 공로로 이찬이 되어 상주 대도독 겸 진서 대원수가 되었다. 649년, 백제가 좌평 은상을 대장으로 하여 다시 쳐들어오자 도살성에서 크게 무찔렀다.

### 654년
진덕 여왕이 세상을 떠나자, 알천과 함께 김춘추(태종 무열왕)를 왕으로 추대했다.

### 660년
신라 최초 벼슬인 상대등이 되었다. 또한 정병 5만을 이끌고 황산벌에서 백제의 계백 장군을 치고, 소정방이 이끄는 당나라 13만 대군과 연합하여 사비성을 함락시킨 후, 다시 의자왕이 피신해 있는 웅진성을 공격하여 백제를 멸망시켰다.

### 668년
당나라군과 연합하여 고구려를 멸망시켰다. 그러나 백제·고구려의 옛 땅을 차지한 당나라의 소정방이 신라까지 넘보려 하자, 당나라군에 대항하여 그들을 몰아 내고 백제의 옛 땅과 대동강 이남의 고구려 땅을 회복했다. 그리고 이러한 공로로 문무왕으로부터 태대각간이라는 벼슬을 받았다.

### 673년
병으로 세상을 떠났다. 835년에는 흥무 대왕에 추서되었다.

김유신 장군 동상

삼국 통일의 주춧돌이 된 태종 무열왕·문무왕·김유신의 사적비(왼쪽부터)

태종 무열왕과 함께 백제 사비성을 공격하기 위해 작전을 짜는 김유신 장군과 여러 장수들

죽은 뒤 동해 바다에 묻혀 왜구를 막겠다고 하여 만든 문무왕의 수중 왕릉

김유신 장군이 백제와의 싸움에서 이기고 돌아오다 집의 우물물을 마시고 다시 싸움터로 향했다는 재매정

산과 강을 찾아다니며 몸과 마음을 닦는 신라의 화랑

595~673
金庾信